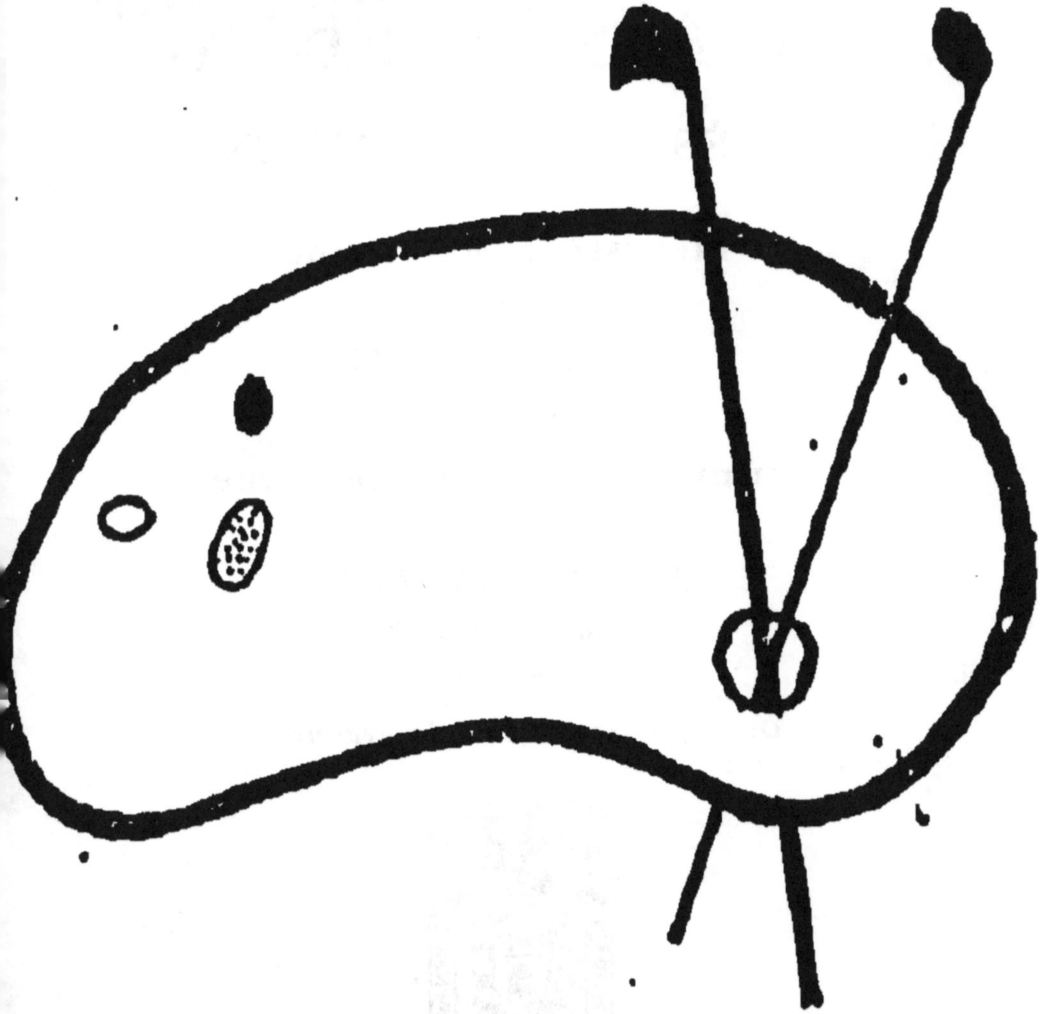

DEBUT D'UNE SERIE DE DOCUMENTS
EN COULEUR

LES
ANGLAIS EN FRANCE
APRÈS LA PAIX D'AMIENS

IMPRESSIONS DE VOYAGE
DE
SIR JOHN CARR

ÉTUDE, TRADUCTION ET NOTES
PAR
ALBERT BABEAU
Correspondant de l'Institut.

Ouvrage accompagné de gravures.

PARIS
LIBRAIRIE PLON
E. PLON, NOURRIT ET Cⁱᵉ, IMPRIMEURS-ÉDITEURS
RUE GARANCIÈRE, 10
—
1898

En vente à la même Librairie :

Un hiver à Paris sous le Consulat (1802-1803), par A. LAQUIANTE, d'après les lettres de J.-F. REICHARDT. Un vol. in-8°. Prix. . . . . 7 fr. 50

Mémoires du général baron Thiébault, publiés sous les auspices de sa fille Mlle Claire THIÉBAULT, d'après le manuscrit original, par Fernand CALMETTES (1769-1820.) 8ᵉ édition. Cinq vol. in-8° avec portraits. Prix de chaque vol. . 7 fr. 50

Un Anglais à Paris. *Notes et Souvenirs.* Traduit de l'anglais par J. HERCK.
   Tome Iᵉʳ : 1835-1848. 4ᵉ édition. Un vol. in-18. Prix. 3 fr. 50
   Tome II : 1848-1871. 3ᵉ édition. Un vol. in-18. Prix. 3 fr. 50

Napoléon à Sainte-Hélène. Souvenirs de Betzy Balcombe, par ABELL. Traduction annotée et précédée d'une Introduction par Aimé LE GRAS. Un vol. in-18. Prix. . . . . . . 3 fr. 50

Mémoires d'un père à ses enfants. Une famille vendéenne pendant la grande guerre (1793-1795), par M. BOUTILLIER DE SAINT-ANDRÉ, avec introduction, notes, notices et pièces justificatives, par M. l'abbé Eugène BOSSARD, docteur ès lettres. Un vol. in-8°. Prix. . . . . 7 fr. 50

Mémoires de Madame de Chastenay (1771-1815), publiés par Alphonse ROSEROT. Tome Iᵉʳ : *L'Ancien Régime — La Révolution.* 3ᵉ édit. Un vol. in-8° avec deux portraits. 7 fr. 50
Tome II : *L'Empire — La Restauration — Les Cent-jours.* 2ᵉ édition. Un vol. in-8°. Prix. . . . . 7 fr. 50

Mémoires du colonel Combe sur les campagnes de Russie 1812, de Saxe 1813, de France 1814 et 1815. Nouvelle édition. Un vol. in-18. Prix. . . . . 3 fr. 50

Poussière du passé. (Notes et tableaux d'histoire), par Ernest DAUDET. Un vol. in-18. Prix. . . . . 3 fr. 50

Les grands terroristes. Carrier à Nantes (1793-1794), par le comte FLEURY. Un vol. in-8°. Prix. . . . . 7 fr. 50

Une conspiration en l'an XI et en l'an XII, par HUON DE PENANSTER. Un vol. in-18. Prix. . . . . 3 fr. 50

Mémoires d'un grenadier anglais (1791-1867), par William LAWRENCE. Traduits par Henry GAUTHIER-VILLARS. 2ᵉ édition. Un vol. in-18. Prix. . . . . 3 fr. 50

Souvenirs d'un historien de Napoléon. Mémorial de J. de Norvins, publié avec un avertissement et des notes, par L. DE LANZAC DE LABORIE. Tome Iᵉʳ : 1769-1793. Un vol. in-8° avec un portrait en héliogravure. Prix. . . . . . . 7 fr. 50
Tome II : 1793-1802. In-8° avec un portrait en héliogr. 7 fr. 50
Tome III : 1802-1810. In-8° avec un portr. en héliogr. 7 fr. 50

LES
ANGLAIS EN FRANCE
APRÈS LA PAIX D'AMIENS

IMPRESSIONS DE VOYAGE

De Sir JOHN CARR

ÉTUDE, TRADUCTION ET NOTES

Par ALBERT BABEAU

Correspondant de l'Institut

C'est un vivant et piquant tableau de la société française sous le Consulat que nous donne aujourd'hui la librairie Plon; ce tableau a de plus le mérite d'avoir été tracé par un étranger, et de posséder en conséquence le mérite de l'impartialité. *Les Anglais en France après la paix d'Amiens*, tel est le titre de ce livre, qui contient les impressions de voyage de sir John Carr. M. Albert Babeau, correspondant de l'Institut, les a traduites, annotées, accompagnées d'une excellente étude sur les récits d'autres voyageurs anglais qui sont venus en France après la paix. Des gravures, d'après les estampes publiées par ces voyageurs, émaillent le texte et nous promènent à travers ce Paris rempli des souvenirs de l'ancienne cour, de la Révolution, et tout occupé en même temps des splendeurs du nouveau règne qui se prépare. Les anecdotes et les traits de mœurs abondent dans ces pages extrêmement curieuses. Les détails sur Bonaparte, notamment, présentent un intérêt tout spécial.

Un vol. in-18 avec gravures. Prix : 4 fr. E. Plon, Nourrit et Cie, éditeurs, 10, rue Garancière, Paris.

LES

ANGLAIS EN FRANCE

APRÈS LA PAIX D'AMIENS

L'auteur et les éditeurs déclarent réserver leurs droits de reproduction et de traduction en France et dans tous les pays étrangers, y compris la Suède et la Norvège.

Ce volume a été déposé au ministère de l'intérieur (section de la librairie) en octobre 1898.

LES
ANGLAIS EN FRANCE
APRÈS LA PAIX D'AMIENS

IMPRESSIONS DE VOYAGE

DE

Sir JOHN CARR

ÉTUDE, TRADUCTION ET NOTES

PAR

ALBERT BABEAU

Correspondant de l'Institut.

Ouvrage accompagné de gravures.

PARIS

LIBRAIRIE PLON

E. PLON, NOURRIT et Cie, IMPRIMEURS-ÉDITEURS

RUE GARANCIÈRE, 10

1898

LES
ANGLAIS EN FRANCE

APRÈS LA PAIX D'AMIENS.

I

LES ANGLAIS EN FRANCE ET LEURS RÉCITS.

Le 3 octobre 1801, « la signature des préliminaires de paix avec l'Angleterre fut annoncée, le soir, aux flambeaux, dans toutes les places et carrefours de Paris, par les commissaires de police, escortés de la force armée et précédés de tambours et de trompettes ». Des deux côtés du détroit, la satisfaction fut vive. Tandis qu'en France les corps constitués présentaient des adresses au premier consul, qu'on préparait pour le 18 brumaire une grande fête nationale destinée à célébrer la paix, en Angleterre, la joie tenait du délire, les cloches sonnaient à toutes volées, les maisons s'illuminaient, les malles-poste qui apportaient l'heureuse nouvelle faisaient des entrées triomphales dans les villes, comme à Bath, où dix chevaux décorés de couronnes dorées étaient attelés à la malle, qui défila dans les rues au milieu d'une population enthousiaste. Ces réjouissances se renouvelèrent, avec un caractère moins spontané peut-être, lorsque les canons des Invalides et de la Tour de Londres annoncèrent aux deux peuples la paix définitivement conclue à Amiens le 26 mars 1802. A Londres, les illuminations furent presque générales dans la Cité, où de nombreux transparents portaient ces mots : *Paix et commerce*, et le peuple brisa les vitres des fenêtres dépourvues de lampions. A Paris, les réjouissances eurent un caractère plus calme et plus solennel. Le jour de Pâques, un *Te Deum* fut chanté à Notre-Dame, pour célébrer, disait-on, « la réconciliation de la France avec l'Europe et de la France avec elle-même ». La publication de la loi sur les cultes coïncidait avec celle de la paix générale. On attribuait la fin des guerres et des discordes civiles et religieuses à Bonaparte, dont « le génie extraordinaire », « la gloire qui surpassait celle de tous les héros de l'antiquité », étaient exaltés par les adresses officielles qui arrivaient de tous les points de la France à Paris.

La paix fournit les sujets de nombreuses estampes allégoriques où Bonaparte figurait à la place d'honneur. Telle était une grande gravure intitulée : *la*

Paix d'Amiens, où tous les souverains juraient la paix sur l'autel de la Bonne Foi, devant Bonaparte, assisté de la « force consulaire sous la figure de Pallas ». Une autre gravure, moins officielle et d'une allure pittoresque, montre des gens de tout pays, groupés autour d'une table et buvant à la paix générale. La légende, en français et en anglais, porte ces mots : « *The universal toast — le vœu universel;* et au-dessous : *Bonaparte and peace for ever! — Vive Bonaparte et la paix* (1) ! »

Si les Français jouissaient enfin des douceurs de la paix après dix ans de guerres glorieusement terminées, les Anglais, dont la rente 3 pour 100 avait monté de dix unités, voyaient surtout les avantages commerciaux que devait amener la cessation des hostilités. Un certain nombre d'entre eux, appartenant à la haute société et aux classes libérales, s'applaudissaient aussi de pouvoir se dédommager de la longue « abstinence » de Paris, à laquelle la guerre les avait contraints. Aussi, surtout après la proclamation de la paix d'Amiens, affluèrent-ils en grand nombre dans les ports de France, notamment à Calais et à Dieppe. Les journaux, tels que les *Débats* et le *Journal de*

(1) Il existe encore d'autres gravures sur la paix au Cabinet des estampes de la Bibliothèque nationale, dans les collections Hennin et de l'*Histoire de France*, année 1802.

Paris, mentionnent les arrivées des personnages les plus marquants. Beaucoup débarquent avec leurs femmes et leurs enfants ; le vaisseau qui porte le comte d'Egremont amène en même temps soixante-trois dames ; quelques-uns des plus riches ont fait transporter leurs voitures à travers le détroit ; l'un d'eux, dont nous parlerons plus loin, se fait suivre d'une meute de chiens. Sur la route de Calais à Paris, c'est un défilé incessant de chaises de poste. Bien que l'on prétende à Londres que la plupart des Anglais qui vont à Paris n'y restent pas plus de dix jours, tant on y est mal servi et logé, à des prix exagérés, on constate à Paris que leur nombre va toujours en augmentant. Dans le cours de l'été, on l'évalue à cinq mille ; au mois de septembre, à dix ou douze mille. Un Anglais (1) écrit : « Je crois qu'il n'y a jamais eu à Paris autant d'Anglais que dans ce moment » ; et le *Journal des dames* disait : « Depuis le traité de paix, Paris regorge d'étrangers : les ouvriers, les négociants, les directeurs de spectacles et les artistes commencent à ressentir les heureux effets de cette influence (2). »

(1) Weston, auteur du *Praise of Paris*. — Voir, pour les ouvrages et les auteurs cités, l'index bibliographique alphabétique à la fin du volume, p. 282.

(2) On prétend que les Anglais dépensent soixante-dix mille livres sterling par semaine à Paris. (*A few days in Paris*, p. 3.)

Évidemment, quelques insulaires sont amenés en France par la tentation de faire fructifier leur commerce; tel le docteur Brodum, qui promène dans les rues de Paris une superbe voiture anglaise afin de mieux faire valoir les avantages de son *incomparable sirop*. Mais la plupart sont attirés par le désir de voir ou de revoir Paris, de jouir de ses plaisirs et de ses beautés, de visiter ses monuments et ses musées, de s'assurer par eux-mêmes de l'état du pays et de la situation des esprits. Les Anglais, qui reprochent aux Français leur frivolité, se laissent encore plus qu'eux, selon Fiévée, déterminer par l'attrait des distractions et des jouissances que leur offre la capitale de la France. Ils sont charmés de s'y trouver, et mettent dans la manifestation de leur joie, dit la duchesse d'Abrantès, « l'expression franche et loyale de leur caractère particulier (1) ».

Hommes politiques, publicistes, poètes, savants, artistes y accourent à l'envi: tels l'illustre Fox (2), dont le secrétaire Trotter a raconté le voyage; lord Holland; lord Erskine, qui avait publié en 1797, sur la guerre avec la France, un ouvrage dont les quarante-trois éditions en une année attestèrent le

(1) *Mémoires de la duchesse d'Abrantès*, t. VI, p. 133.
(2) Fox est resté en France du 29 juillet au 17 novembre 1802, et non dans l'hiver de 1801-1802, comme le dit Thiers dans l'*Histoire du Consulat et de l'Empire*.

succès; lord Elgin, qui venait de mutiler le Parthénon pour en mieux conserver les sculptures; le séduisant colonel Green (1); le jurisconsulte Romilly; le jeune lord Aberdeen, qui fut plus tard premier ministre; l'écrivain Mackinstoch, le poète Rogers, l'inventeur James Watt, le peintre Opie, l'acteur Kemble. Ils s'y rencontrent, à côté de femmes d'un rang élevé ou d'un talent distingué, comme la duchesse de Gordon, la duchesse de Cumberland, la belle lady Cuningham, Mmes Cosway, lady Esther Stanhope, qui plus tard devait recevoir Lamartine en Orient (2), l'auteur d'*Evelina*, Frances Burnet, qui avait épousé le général d'Arblay, et une autre romancière célèbre, miss Edgeworth, qui vint à Paris avec son père et a laissé sur son séjour dans cette ville des lettres intéressantes qui ont été récemment traduites en français (3).

Jamais, à aucune époque, plus nombreuses relations de voyages ne furent publiées sur un pays. Outre les lettres, les mémoires, les récits biogra-

---

(1) Sur les Anglais à Paris, voir les *Mémoires de la duchesse d'Abrantès*, t. VI, p. 133 à 153, 216 à 225.

(2) John ALGER, *Englishmen in french revolution*, ch. XII. Paris reopened, in-8°, 1889.

(3) *Lettres intimes de Maria Edgeworth pendant ses voyages en Belgique, en France, en 1802, 1820, 1821*, traduites par Mlle P. G..., Paris, 1896, in-12.

phiques qui ont paru à des époques postérieures, des impressions de voyages, des observations statistiques ou politiques, des tableaux de Paris et des départements furent imprimés en Angleterre, dès le retour de leurs auteurs. Le spectacle de la France excitait un tel intérêt qu'on ne se lassait pas de le décrire. Tandis qu'on ne peut citer qu'un seul livre publié à cette époque en français sur l'Angleterre, les *Lettres* de Fiévée, plus de vingt-cinq ouvrages consacrés à faire connaître la France ont paru au delà de la Manche de 1802 à 1807 (1). Érudits, littérateurs, publicistes, pasteurs protestants, hommes du monde et de plaisir, c'est à qui racontera ce qu'il a vu et appris pendant son voyage.

Quelques écrivains ont publié leurs observations professionnelles, comme Georges Tappen, qui les fit connaître, sur *les principaux édifices anciens et modernes de la France et de l'Italie*,... avec une *description concise de ces pays*. D'autres n'ont fait que traverser la France ou n'y arrivent qu'après avoir visité d'autres contrées, comme Stewarton, qui publie une excursion à travers la Hollande, la France et la Suisse; le Pensylvanien anonyme, qui parcourt surtout l'Italie; Thomas Holcroft, qui

---

(1) Voir la Bibliographie, à la fin du volume.

s'étend sur son voyage de Hambourg à la frontière de France avant de faire connaître ses impressions sur ce pays.

Holcroft se distingue de beaucoup de ses compatriotes par l'originalité de ses observations et par l'esprit de dénigrement qui y préside. Auteur dramatique, comédien, journaliste, romancier et traducteur, il eut une carrière des plus mouvementées. Il avait traduit le *Mariage de Figaro*, de Beaumarchais, et en joua le principal rôle à Londres. Correspondant du *Morning Herald* à Paris en 1783, il embrassa plus tard les principes de la Révolution française et fut poursuivi pour haute trahison en 1794. Acquitté, mais bientôt forcé de se réfugier sur le continent pour échapper à ses créanciers, il y séjourna de 1799 à 1802; de retour en Angleterre, il monta une imprimerie, qui fit faillite, mais qui lui permit auparavant de publier avec luxe et en les ornant de nombreuses gravures ses récits de voyages de Hambourg à Paris (1).

Si beaucoup de voyageurs ont décrit la Normandie, l'Artois et la Picardie qu'ils traversaient pour se rendre à Paris, quelques-uns se sont étendus

---

(1) Holcroft, qui s'était marié quatre fois, mourut en 1809, à soixante-quatre ans. Anne Plumptre critique vivement le livre d'Holcroft; elle conseille de ne pas le lire à ceux qui voudraient avoir une peinture fidèle de l'état de la France. (*A narrative*, t. I, p. 156.)

sur d'autres provinces. Miss Anne Plumptre, auteur de romans et de nombreuses traductions, a fait connaître avec détails le Lyonnais, la Provence, le midi et l'ouest de la France, où elle a séjourné pendant trois ans; le révérend William Hughes dépeint les départements de l'Ouest et du Centre; Williams, qui a rédigé un *État de la France de 1802 à 1806*, a parlé particulièrement de la Touraine, de Fontainebleau et de Nancy, où il résida forcément après la rupture de la paix d'Amiens. D'autres, comme lui retenus en France à cette époque, ont décrit la vie qu'ils ont menée dans les provinces; comme James-Henry Lawrence, qui publia en 1810 deux volumes sur *Verdun et les Anglais retenus en France*, et le savant orientaliste James Forbes, dont la fille unique épousa le comte de Montalembert, père du célèbre orateur français, Charles de Montalembert. Le médecin Maclean, venu en France pour recueillir des adhésions à un congrès destiné à combattre les progrès de la peste en Orient, a laissé, dans son livre où les dissertations politiques abondent, un récit attachant de son voyage en diligence de Paris à Bordeaux et de son séjour dans cette dernière ville.

Je ne puis que mentionner les titres des *Lettres de France écrites en août, septembre et octobre 1802* par Isaac King, de Wycombe, et du

Tour en France de Mme Richard King; mais il m'est permis de m'étendre davantage sur les *Lettres de France* de Henry Redhead Yorke et le *Voyage d'un sportsman* du colonel Thornton, qui présentent entre eux de singuliers contrastes par le but qu'ils se proposent et l'esprit qui les anime.

Henry Yorke a commencé par être partisan des idées révolutionnaires; poursuivi pour attaques contre le gouvernement anglais, il fut enfermé au château d'York en 1794. Mais plus tard il fit amende honorable et chercha à faire oublier ses actes, qu'il attribua lui-même à l'ignorance de sa jeunesse, en attaquant violemment la France. Ses deux volumes contiennent, contre les hommes et les choses de ce pays, des critiques qu'une revue anglaise de 1805 qualifiait de grossières et déclarait d'une telle violence de langage qu'elles manquaient complètement leur but. Ils renferment cependant, à côté d'appréciations odieuses ou ridicules, des observations dignes d'être notées et des détails instructifs et curieux sur les institutions scientifiques et littéraires et surtout sur les sociétés et les établissements de bienfaisance de Paris.

Le *Voyage d'un sportsman* est tout différent; publié avec luxe, avec de nombreuses gravures, il a mérité d'être traduit en français en 1894 dans la

Revue britannique. Son auteur, le colonel Thornton, est un voyageur d'un genre particulier ; très riche, il débarque à Dieppe avec sa femme, quatorze chiens et deux voitures, l'une, un landaulet pour son usage personnel, l'autre, tenant à la fois du grand break et du dog-cart, pour transporter sa meute et ses armes de chasse. Il emmène avec lui un peintre, qui dessine les sites les plus séduisants et les scènes les plus remarquables ; il fréquente à Paris et en province la plus haute société ; il en décrit les fêtes, sans oublier les dîners fins et les vins de choix, qu'il déguste et dont il fait des provisions ; et ses récits de chasse en Normandie, dans l'Ile-de-France, en Touraine et en Champagne présentent un vif intérêt, non seulement au point de vue cynégétique, mais en ce qu'ils nous font connaître quelques aspects de la vie de château à cette époque. Thornton avait alors l'intention d'acheter une grande propriété en France, intention que les événements ne lui permirent de réaliser que plus tard, lorsque, devenu en 1815 locataire de la « principauté de Chambord », il acquit en 1817 le château de Pont, qu'il vendit en 1821 à Casimir Perier. Thornton, qui s'intitula marquis de Pont, mourut un an après, dans cette terre de France qu'il avait su décrire et dont il préférait le séjour à celui de sa patrie.

Plusieurs Anglais se sont attachés à faire connaître spécialement Paris, et leurs ouvrages ont souvent un caractère plus didactique que personnel, quoiqu'ils soient rédigés parfois en forme de lettres. Tels sont le *Paris tel qu'il était et tel qu'il est*, œuvre intéressante d'un auteur anonyme, remarquable par la sûreté et la quantité des informations et qui eut les honneurs d'une traduction allemande; les *Observations faites à Paris pendant la paix*, livre rempli de renseignements précieux de première ou de seconde main, rédigé par John Eyre, acteur et auteur d'œuvres dramatiques, entre autres de *la Jeune Normande, ou la Mort de la reine de France*, représentée en 1793; *Une esquisse sommaire du moderne Paris*, par Lemaistre; *Quelques jours à Paris*, petit livre anonyme qui renferme quelques observations curieuses; *Paris en 1802 et 1814*, par le révérend Shepherd, qui avait donné en 1793 un ouvrage intitulé *le Ballet de Paris*.

Un autre révérend, Stephen Weston, publia en 1803 un volume dont le titre seul indique l'esprit : *l'Éloge de Paris, ou Esquisse de la capitale de la France*. Weston, membre de la Société royale de Londres et de plusieurs autres sociétés savantes, était l'auteur de nombreux ouvrages sur la Bible et les littératures grecque, allemande, persane et chinoise; il avait fait paraître en 1793 deux volumes de *Lettres sur Paris*, et il était à même d'apprécier les changements que la Révolution avait apportés dans cette ville. Paris exerçait sur lui un tel attrait qu'il y revint à plusieurs reprises après 1814, publiant de nouvelles relations de voyages en France; il était encore dans la capitale de ce pays en 1829, à l'âge de quatre-vingts ans, fréquentant les théâtres, les cafés et les concerts. Un autre savant, John Pinkerton, antiquaire et historien écossais, publia en 1806 deux volumes de ses *Souvenirs sur Paris pendant les années 1802 à 1805*. Comme Thornton, il s'attacha au pays qu'il avait décrit; il vint s'y fixer après la Restauration et y mourut en 1826. Mais les préoccupations littéraires l'emportent souvent chez lui sur le souci exclusif de décrire l'aspect de la ville où il a résidé, et ses piquantes observations personnelles sont entremêlées de dissertations sur certaines questions de politique et d'économie politique, ainsi que sur les ouvrages de Jean-Jacques Rousseau et d'autres auteurs.

Sir John Carr et l'auteur anonyme du *Journal d'une partie de plaisir à Paris en août 1802* n'ont point de prétention à l'érudition; ce sont des touristes qui racontent ce qu'ils ont vu et entendu, et l'intérêt de leurs livres est surtout dans la vérité des tableaux qu'ils retracent. Quoiqu'un nouveau *Guide en France*, rédigé par David Morrice', ait paru à Londres en 1803, l'auteur du *Journal* écrit surtout, comme il le dit dans sa préface, pour être utile à ceux de ses compatriotes qui voudraient faire le même voyage que lui; il entre dans des détails pratiques qui ne sont pas à dédaigner. Sir John Carr est un peintre non moins fidèle; ne puisant pas des renseignements statistiques ou descriptifs dans des ouvrages français, son livre sincère et libéral semble, selon l'expression d'un contemporain, écrit par un gentleman; son récit est souvent abondant et pittoresque; son style, sans être supérieur, ne manque pas d'une certaine verve; malgré le reproche qu'on lui fait de verser parfois dans le commérage, son livre *l'Étranger en France, ou Un tour du Devonshire à Paris*, eut un réel succès, un succès populaire, qui se traduisit par une seconde édition en 1806, et contribua à la publication par le même auteur d'autres voyages en Irlande, dans les pays du Nord, en Hollande, en Allemagne et en Espagne. Carr, né en 1772, mort en 1832, doit spécialement sa renommée à ses récits de voyages. La plupart d'entre eux ont été traduits en français, lors de leur apparition : *l'Été du Nord*, par Bertin, en 1808; *l'Étranger en Irlande* et le *Voyage en Hollande* par Mme Keralio-Robert, en 1806 et en 1809; mais *l'Étranger en France* ne fut pas traduit en français sous l'Empire, pas plus que les autres récits de voyages dans notre pays que nous avons signalés. Comme on croyait se bien connaître soi-même, on ne cherchait pas à savoir comment des voisins, qui devaient bientôt redevenir des adversaires, nous avaient dépeints et jugés. C'est seulement avec le temps que le témoignage des contemporains étrangers acquiert une véritable importance historique, en ce qu'ils rappellent et précisent des aspects et des traits de mœurs auxquels on ne portait pas d'attention par l'habitude où l'on était de vivre au milieu d'eux et de les avoir toujours vus. Aussi a-t-on traduit récemment le *Voyage d'un sportsman*, du colonel Thornton, et les lettres de miss Edgeworth. Nous donnerons, pour la même raison, à la suite de cette étude, une traduction presque complète de *l'Étranger en France* de sir John Carr, persuadé qu'elle apportera quelques traits nouveaux au tableau de l'époque exceptionnelle à laquelle elle s'applique. On semble avoir attaché plus d'intérêt aux récits des voyageurs allemands qui ont décrit la France à la fin du dix-huitième siècle et au commencement du dix-neuvième; les livres de Meyer, d'Heinzmann, de Kotzebue ont été traduits presque immédiatement dans notre langue (1); M. Laquiante a fait récemment connaître les lettres pleines d'observations et de faits du musicien Reichardt, qui a séjourné à Paris dans l'hiver 1802-1803 (2). Les impressions des Anglais sont moins connues parmi nous, et cependant ne méritent pas moins de l'être.

Ce qui ajoute à l'intérêt de quelques-uns de ces ouvrages, ce sont les gravures à l'aquatinte dont ils sont illustrés. La grande édition in-quarto de Holcroft contient de nombreuses vues des aspects et des monuments de Paris; le *Voyage d'un sportsman* de Thornton est orné de soixante et une grandes gravures et de dix-huit vignettes dessinées presque toutes par Bryant; si Forbes n'a

---

(1) Les *Souvenirs* de Meister ont été publiés en français en l'an V et traduits en allemand en 1798. Le voyage du Danois Thomas Bugge, fait en 1798, a été traduit en allemand et en anglais. Arndt et Rebmann ont raconté leurs impressions sur la France, qu'ils ont visitée à la même époque. Meyer est revenu à Paris et a donné un nouveau volume sur cette ville en 1802. Citons un autre ouvrage anonyme, les *Lettres* de Benzenberg, le *Voyage* de Frank et les *Souvenirs* de Kotzebue, publiés en 1804 et mentionnés, comme les ouvrages ci-dessus, par M. Paul Lacombe dans sa *Bibliographie parisienne*, p. 59 à 75. Citons aussi les *Souvenirs d'un séjour à Paris durant l'hiver de 1802-1803*, par Wessenberg, dont une deuxième édition a été publiée à Fribourg en 1858.

(2) *Un hiver à Paris sous le Consulat (1802-1803), d'après les lettres de J.-F. Reichardt*, par A. Laquiante. Paris, Plon, 1896, in-8°. — Reichardt parle, en les raillant quelque peu, « des Anglais qui inondent Paris » en 1802 (p. 318, 319).

donné que deux vues de Verdun dans ses deux volumes, si Hughes a seulement dessiné sur quatre planches des charrettes et des attelages de bœufs, l'auteur anonyme du *Journal d'une partie de plaisir à Paris* a publié treize vues, assez largement traitées par lui, de certains aspects des villes de province et de Paris qu'il a visitées. Il en est de même de sir John Carr, qui a illustré son livre de douze dessins, qu'il a pris lui-même et qui, tout en étant loin de valoir ceux qu'il a donnés dans son *Voyage en Hollande*, n'en ont pas moins un caractère de vérité(1). Nous reproduisons quelques-unes des gravures que contiennent plusieurs de ces ouvrages comme des témoignages et des documents contemporains à ajouter à ceux que leur texte contient.

(1) Voir la note iconographique à l'Appendice, p. 289.

II

PREMIÈRES IMPRESSIONS. — MODES DE TRANSPORT. — LES PROVINCES.

Le véritable intérêt des récits de ces voyageurs consiste dans les impressions que leur cause la vue des hommes et des choses. Ils arrivent dans un pays avec lequel ils ont été en guerre pendant neuf ans et qu'ils supposent bouleversé par une révolution sans précédents; après une traversée de quelques heures, ils trouvent des constructions et une population d'un aspect différent et nouveau; ils sont frappés par les contrastes qui s'offrent à eux dans les costumes, dans les usages, dans les mœurs. L'un d'eux se déclare aussi dépaysé que s'il arrivait dans le Thibet. En débarquant, ils ont affaire à la douane et à la police et s'en plaignent souvent, comme s'il n'y avait en Angleterre ni droits d'entrée, ni passeports. « La France peut être appelée la terre des passeports, dit Pinkerton. Il en faut pour les plus petits voyages, même pour rentrer à Paris passé onze heures du soir. » La plupart des voyageurs s'attardent dans le récit des tribulations que leur a causées, surtout dans les villes frontières, un passeport mal en règle. Et cependant Fiévée, qui est allé à Londres, affirme que les formalités exigées pour les passeports sont aussi vexatoires pour les étrangers en Angleterre qu'en France et que, dans les bureaux de l'*Alien Office*, on est accueilli avec moins d'égards et de politesse qu'à la préfecture de police de Paris (1). L'Anglais Hughes reconnaît que les vexations qu'il subit en France pour son passeport ne sont que de justes représailles des procédés que le gouvernement anglais a eus vis-à-vis des Français qui, sur la foi des traités, sont passés en Angleterre(2); et miss Plumptre atteste que pendant les trois années de son séjour en France on ne lui a demandé que deux fois son passeport (3).

Ce qui frappe certains voyageurs, à leur débarquement dans un port français, c'est l'aspect de pauvreté et de saleté des maisons et des habitants. Ils éprouvent le même sentiment que ressent Chateaubriand lorsqu'il revint en France, en 1800, après un long séjour à l'étranger. Habitué à l'Angleterre, « je ne pus immédiatement me faire,

(1) *Lettres sur l'Angleterre*, p. 307.
(2) *A Tour through France*, p. 184.
(3) *A narrative*, t. III, p. 400.

dit-il, à la saleté de nos maisons, de nos escaliers, de nos tables, à notre malpropreté, à notre bruit, à notre familiarité, à l'indiscrétion de notre bavardage » (1). Tous les Anglais ne sont pas aussi défavorablement impressionnés ; s'il en est qui ne voient à Calais que des femmes sans bas ni souliers, des hommes à demi nus ou en haillons, portant cependant des boucles d'or à leurs oreilles, il en est d'autres disposés à envisager la population sous un meilleur aspect.

Telle est Frances Burnet, Mme d'Arblay, qui est charmée du spectacle que présente la place du Marché à Calais, avec ses femmes aux corsages singulièrement fastueux, aux bonnets à grandes ailes, aussi divertissants pour elle que pour ses enfants, portant presque toutes des chaînes, des colliers, des croix d'or, et toutes, même les enfants et les vieilles, ornées de boucles d'oreilles. « Nous ne vîmes pas un seul mendiant, et pour la civilité et la gentillesse, dit-elle, les personnes les plus pauvres et les plus humbles que nous rencontrâmes pouvaient être comparées aux passants les mieux mis et les plus élégants de nos rues, et pas à l'avantage de ces derniers. Je ne peux dire combien je fus surprise, m'étant fait une idée horrible

(1) *Mémoires d'outre-tombe,* t. II, p. 220.

de la populace de ce pays, que mon imagination avait transformée en une foule de monstres sanguinaires (1). » Les Anglais qui venaient en France à cette époque n'avaient pas seulement les préjugés de leur nation à l'égard de la nôtre, mais les préventions que les événements de la Révolution avaient pu leur inspirer.

Frances Burnet est sans doute trop optimiste. Il y avait encore des mendiants en France, et l'on en montre tout le long de la route, en Picardie, tendant la main aux Anglais qui défilent en chaises de poste, et leur disant qu'ils meurent de faim ; ce que conteste un Pensylvanien, qui en est témoin. Il est vrai que les mendiants français, en province comme à Paris, où selon Pinkerton ils sont de vingt fois moins nombreux qu'à Londres, se distinguent des mendiants anglais par leur ton insinuant et leur discrétion. Ils demandent timidement, et n'insistent pas si on leur refuse.

Ce n'est pas seulement Mme d'Arblay qui est frappée par le pittoresque, l'originalité et l'on pourrait presque dire la gaieté du costume des femmes du peuple du nord de la France. Le colonel Thornton s'étonne, à Dieppe, de leur corsage bleu ou rouge, de leurs sabots couverts de peau de mouton,

---

(1) *Diary and letters*, t. VI, p. 282.

et surtout de leurs bonnets de Cauchoises, qui par le luxe de leurs dentelles vaudraient de soixante à cent louis. En sortant de la froide et correcte Angleterre, on est ébloui des couleurs voyantes que portent les paysannes de l'Artois; Trotter, le secrétaire de Fox, dit que les plus belles de ces couleurs, le rouge, le rose, le bleu de ciel, le vert pâle, y dominent. M. et Mme Fox, qui suivent avec lui la route de Calais à Lille, sont charmés de voir un dimanche les habitants se délassant gaiement sur leurs portes ou dans les jardins, et portant presque tous des fleurs au corsage, au chapeau ou au bonnet.

Tous les voyageurs n'aperçoivent pas les objets à travers un prisme aussi flatteur; leur manière de voir dépend souvent de leur humeur, non moins que de l'éclat des jours de fête et de soleil ou de la tristesse des jours de travail ou de pluie. Si Fox avait traversé l'Artois un jour de la semaine, par un temps gris, il eût remarqué comme d'autres les costumes ternes et sales des paysans. Les chemins sont aussi appréciés différemment, suivant le caractère des voyageurs et surtout suivant les provinces. Les routes sont aussi bonnes qu'en Angleterre, dira l'un dans l'Artois, on peut les parcourir la nuit sans danger d'aucune sorte. Elles sont mal pavées, et leurs cahots sont fatigants, écrira-t-on ailleurs ; elles sont détestables et déplorables dans certaines régions de l'Ouest, en Bretagne, par exemple, où il faut descendre vingt fois de voiture dans une seule journée pour arriver au but. Près de Lisieux, on attelle vingt-deux chevaux à la diligence pour lui faire franchir les mauvais pas de la route. Dans le Maine, on mettra douze heures pour faire six lieues. Les voitures se ressentent de ces défectuosités ; l'une d'elles, de Paris à Moret, se brise plusieurs fois ; il faut s'arrêter dans des villages pour la faire réparer par un charron, à des prix exorbitants ; il est vrai que c'est une vieille voiture achetée d'occasion à Bordeaux, et qu'elle ne peut résister comme une neuve aux fatigues de la route.

Plusieurs voyageurs ont pris la précaution d'amener d'Angleterre de solides voitures auxquelles ils font atteler des chevaux de poste ; tel est l'auteur du *Journal d'une partie de plaisir*, qui a pour lui et sa famille une sorte de calèche légère appelée barouche, et se fait suivre d'un mail-coach destiné aux domestiques et aux bagages. Un célibataire seul peut monter dans une de ces diligences, qui excitent le mépris et les rires de plus d'un Anglais, par leur construction grossière, leur saleté, leur fréquentation. Les Français voyagent comme s'ils étaient déguisés, dit Pinkerton ; c'est en jaquette et en bonnet de nuit qu'ils s'installent en diligence. Pour les chaises de poste, sauf de rares exceptions, celles qu'on trouve à louer sont bonnes à jeter au feu ou à placer dans un musée d'antiquités; mais elles résistent encore mieux aux cahots des chaussées que les voitures anglaises. Les chevaux étiques, les bidets sans apparence, qu'on y attelle avec des cordes, ont des colliers revêtus de peaux de mouton et de laine filée de diverses couleurs; ils sont menés quelquefois à toute bride, au bruit terrible des claquements répétés des fouets, par des postillons souvent sans chemise et sans bas, mais portant des vestes et des chapeaux galonnés, et les jambes enfouies dans d'immenses bottes dont le cuir épais, parfois bardé de bois, peut résister aux chocs des timons et à l'écrasement des roues. Ces bottes paraissent si étranges et si grotesques à certains touristes qu'ils les dessinent et les font reproduire par la gravure. Souvent les postillons n'écoutent rien; souvent ivres, ils risquent de faire verser les voitures dans les fossés; mais ils sont gais, contents de leur personne; parfois très polis et cherchant à plaire, ils s'arrêtent, dit Forbes, partout où l'on désire prendre un croquis. Grâce au *Livre des Postes*, on n'est pas extorqué par eux, quoique le tarif soit assez élevé. Le trajet de Calais à Paris, pour deux voitures, coûte avec les dépenses des hôtels 1,278 livres (1).

Les hôtels de province étaient rarement bons; l'hôtel Dessin, à Calais, passait cependant pour le plus grand et le meilleur du continent; organisé au goût des Anglais, il méritait tous leurs éloges. La table était élégamment servie, les vins choisis; les bonnes, qui portaient des bonnets à barbes flottantes et de longues boucles d'oreilles, étaient mises d'ailleurs à la dernière mode.

Dans d'autres localités, on ne trouve guère à louer que l'activité et la gentillesse des servantes. Weston remarque que d'ordinaire, dans les hôtels, on est bien traité et à des prix raisonnables, sauf dans les petites auberges, où les Anglais que l'on prend pour des lords sont exposés à des exigences excessives. On demande une fois au colonel Thornton, pour un mauvais repas, trente-six louis qu'il finit par faire réduire à un seul; et le colonel raconte à ce sujet l'anecdote d'un ambassadeur d'Angleterre, à qui un aubergiste des environs de Fontainebleau avait demandé un louis pour deux œufs. « Les œufs sont donc bien rares dans ce

(1) Pour aller de Paris à Lyon, on peut voyager dans un cabriolet, qui contient quatre personnes et où la place coûte trois louis, ce qui est moins cher que la poste et la diligence. Le trajet se fait en quatre jours et demi. (Anne PLUMPTRE, t. I, p. 220.)

pays? lui dit l'ambassadeur. — Non, répliqua l'aubergiste, mais les ambassadeurs le sont. »

L'esprit pratique des Anglais se révèle par les détails qu'ils donnent sur les hôtels comme par leurs observations sur l'état des villes et des campagnes. Pour les uns, les champs sont dépeuplés, l'agriculture n'est pas en voie d'amélioration; Trotter affirme, au contraire, qu'elle a fait d'immenses progrès; d'autres admirent les régions bien cultivées qu'ils traversent; s'ils constatent l'existence de châteaux encore bien entretenus, dont plusieurs sont habités par leurs anciens possesseurs, comme le château de Maintenon, où vit le duc de Noailles (1), ils déplorent aussi dans certains cantons la ruine et l'abandon des châteaux, la mutilation des clochers, la saleté des constructions rurales. Surtout en Bretagne, où l'on est de cent ans en arrière, la population paraît aussi misérable que les chaumières sans vitres qui l'abritent.

Presque partout les paysannes, hâlées par le soleil, sont laides et vieilles avant l'âge. Près de Châteaudun, on les voit conduisant elles-mêmes la charrue. Aux environs de Caen, le peuple semble confortable, heureux et à l'aise. Dans d'autres

(1) Forbes visite aussi Chenonceaux, qu'habitait Mme Du Pin, morte en 1799, sur le tombeau de laquelle on lit : « Aux vertus, au génie, aux grâces! »

contrées, les vendanges présentent des tableaux riants. Williams remarque avec raison qu'en général la classe rurale est la seule qui se soit enrichie pendant la Révolution, grâce à la dépréciation des assignats, avec lesquels les paysans ont acheté des biens nationaux, et à la cherté des blés dont ils ont profité. Pinkerton constate que des terres ont été défrichées et qu'un certain nombre de constructions rurales datent de 1793 et de 1794.

Dans les villes, la décadence de l'industrie et du luxe est souvent visible ; le nombre des pauvres paraît y avoir augmenté. Le chiffre de trois cents voitures de maîtres qu'on signalait à Lille avant la Révolution est singulièrement réduit. De très nombreuses églises ont été détruites ou désaffectées. Plusieurs voyageurs admirent sans réserve les beaux édifices gothiques qui ont échappé à la destruction, tels que la « superbe » cathédrale de Chartres, celle d'Amiens et l'église Saint-Ouen de Rouen, qu'Hughes qualifie de sublime et de respectable. Si l'on regrette de voir les nefs et les chœurs de certains temples dépouillés de tous leurs ornements, on trouve que l'architecture de quelques autres a gagné à l'enlèvement des tableaux ou des sculptures qui la déparaient. Sous ce rapport, dit Weston, la Révolution a été comme l'Océan, *prædator et restitutor*, dévastatrice et réparatrice.

III

ASPECT DE PARIS. — LES MONUMENTS ET LES MUSÉES.

Si les Anglais parcourent certaines provinces et les dépeignent avec d'intéressants détails, ils séjournent surtout à Paris; c'est Paris qui les attire, qui les retient et qui est le principal sujet de leurs descriptions et de leurs comparaisons. Comparer est un des faibles des voyageurs. Ne viennent-ils pas chercher dans les pays étrangers les différences qu'ils présentent avec leur patrie, et, s'ils les ont déjà visités, celles que le temps y a apportées dans la physionomie des lieux et des hommes? Aussi est-il naturel que les Anglais mettent en parallèle Londres et Paris. Chacune de ces deux villes, les plus grandes de l'Europe, a ses mérites et ses défauts. Paris peut envier à Londres ses rues plus larges (1), ses trottoirs qui protègent les piétons des voitures, la tenue de la voirie, le luxe des bou-

(1) Paris, disait-on, a des maisons sans rues, Londres, des rues sans maisons. (FORBES, t. I, p. 376.)

tiques, la propreté des maisons. Les avenues qui mènent à Paris sont larges et superbes, surtout celle qui conduit à la place de la Concorde; les églises, les palais, les riches constructions privées sont plus beaux et plus nombreux; mais à côté de ces splendeurs, du Palais-Royal et des boulevards, que de quartiers sales et laids, avec leurs rues noires, tortueuses, mal pavées, les immondices qu'on y dépose, les échoppes qui les encombrent, les voitures et surtout les cabriolets circulant rapidement au milieu des piétons, les égouts mal aménagés, les odeurs fétides qui s'en dégagent, les maisons qui paraissent monter jusqu'aux nuages!

Aucune ville, dit Holcroft, ne présente plus de contrastes. En face des plus beaux hôtels, on étale dans des échoppes des marchandises de toutes sortes; on suspend sur les murs des imprimés et des gravures. Sur la place du Palais-Royal, les chiffonniers se réunissent le matin et des marchandes de pommes s'installent. Sur les boulevards, la chaussée est encombrée de gens qui vendent des livres, des jouets, des cannes, des gâteaux, des éventails, des bustes et des portraits de Bonaparte. On est assailli par des mendiants, des charlatans, des faiseurs de tours, des dessinateurs de paysages sur coquilles d'œufs, des portraitistes. La vivacité française anime toute la population;

elle forme contraste avec la lenteur allemande. Au Palais-Royal, au boulevard du Temple surtout, le mouvement est à son paroxysme. On dit qu'il y a cent vingt cafés, biliards et jardins de danse au boulevard du Temple, à proximité des théâtres et des spectacles divers qui y sont réunis.

En général, la Révolution avait à peine modifié l'aspect de Paris. C'étaient toujours les mêmes rues, étroites et animées, la même circulation, la même activité pour le travail et le plaisir. Mais un observateur attentif remarquera que les écriteaux de certaines rues portent des noms différents ; ainsi le nom de Richelieu a été remplacé par celui de la Loi. Des couvents, comme les Jacobins et l'Assomption, ont été transformés en casernes ou en magasins, des églises ont été enlevées au culte, si beaucoup d'entre elles lui ont été restituées ; sur la plupart des édifices sont inscrits les mots : « Propriété nationale. » Sur le terre-plein du pont Neuf, où s'élevait la statue de Henri IV, un restaurant s'est établi. Des enseignes patriotiques décorent les boutiques des marchands ; le mot et l'image de la liberté se rencontrent partout, bien qu'on se demande en quoi consiste cette liberté depuis le Consulat. Plusieurs grands hôtels de l'aristocratie, comme l'hôtel de Montmorency, ont vu leur rez-de-chaussée transformé en boutiques et leur premier étage en appartements meublés. Dans les rues, on ne voit plus de moines et de petits abbés; plus de voitures armoriées et de laquais en grande livrée; le costume est plus sobre, moins brillant, moins coquet, moins efféminé; les gens à la mode sont vêtus *à la militaire* ou comme les Anglais. Mais, en général, les hommes, selon Holcroft, sont mal vêtus; portant du linge sale, de longues redingotes, de vieux chapeaux sur des cheveux mal peignés, ils sont moins élégants que leurs cochers et leurs laquais. « Un homme bien mis, à moins que ce ne soit un étranger, dit Hughes, est une sorte de prodige dans les rues de Paris. » Quant aux gens du peuple, on les rencontre en jaquette, en pantalon, l'été sans bas, l'hiver en sabots, les femmes en camisoles ou sans manches, sans chapeau, même dans les musées et les jardins publics; du reste très polis, obséquieux même, cédant le pas à un gentleman et, dans les foules, ne se livrant à aucun désordre ni à aucune inconvenance.

Bien que plus d'un monument reste inachevé(1), quelques travaux entrepris dans Paris témoignent de la puissance et de l'esprit d'initiative du gouvernement consulaire, sans modifier de beaucoup l'aspect de la ville. Les ponts qu'on désignera sous

---

(1) Anne Plumptre, t. I, p. 36.

les noms des Arts et d'Austerlitz sont en construction. La cour du Carrousel se dégage; une grille avec des pilastres surmontés de coqs gaulois la sépare de la cour des Tuileries; on y érige les chevaux de bronze de Venise (1), tandis que la statue du lion de Saint-Marc est dressée sur un piédestal en face de l'hôtel des Invalides. On travaille au Jardin des plantes, on commence le canal de l'Ourcq, et la démolition de la tour du Châtelet élargit l'entrée du pont au Change. Parmi les constructions privées récentes, les étrangers citent la rue Mandar, avec ses maisons uniformes, et le passage des Panoramas.

Les écrivains anglais, en touristes consciencieux qu'ils sont, ne manquent pas de visiter les monuments; mais ceux-ci sont trop connus pour que leurs observations aient un intérêt sérieux. Presque tous sont antérieurs à la Révolution; l'église de la Madeleine inachevée semble une ruine moderne. La nouvelle salle législative est, selon Weston, « la plus jolie nouveauté ». Ce qui frappe le plus les protestants qui visitent les églises rendues offi-

(1) Les coqs avaient les ailes étendues, ce qui faisait dire aux Parisiens frondeurs : « Ils veulent s'envoler, parce que le renard est dans le palais. » On disait aussi qu'il n'y avait pas lieu de s'étonner si les chevaux de bronze étaient sans harnais, parce que le Beauharnais était aux Tuileries. (John EYRE, p. 69, 72.)

LA VALSE
D'après une gravure du *Journal of a party of pleasure.*

ciellement au culte, ce sont les vieilles femmes qui prient devant les madones, les fidèles plus ou moins nombreux et recueillis qui assistent aux offices, dont l'ancienne pompe est rétablie. L'église de l'hôtel des Invalides, transformée en temple de Mars, attire particulièrement l'attention des étrangers, avec ses drapeaux suspendus comme trophées et ses tableaux de victoires. Forbes y remarque aussi une toile représentant la République française entrant au port, dans une barque triomphale, après le 18 Brumaire (1). La bibliothèque de l'hôtel est bien installée et contient quelques tableaux.

« Sous le rapport des bibliothèques, écrit Weston, Paris est la capitale de l'Europe. » La Bibliothèque nationale est publique le mercredi et le vendredi; mais elle est ouverte tous les jours aux hommes de lettres. Shepherd y est admis en cette qualité; comme Yorke, il est accueilli avec empressement; il visite les salles qui renferment trois cent mille volumes, et les manuscrits qu'il veut consulter lui sont remis avec la plus grande politesse. Les gravures, les camées, les médailles qu'elle renferme ne surprennent pas moins les visiteurs que la quantité et la valeur des livres, parmi les-

(1) Ce tableau de Callet avait été exposé au Salon du Louvre, en l'an IX.

quels plusieurs ont été rapportés de l'étranger par les armées. Le nombre des ouvrages que la Bibliothèque nationale prête au dehors et celui des travailleurs qui la fréquentent montrent qu'au milieu de la dissipation qu'on dit régner à Paris, les hommes de science, dont beaucoup sont jeunes, témoignent du zèle pour s'instruire (1)! On peut aussi travailler aux bibliothèques Mazarine, Sainte-Geneviève, de l'Arsenal et de l'Institut.

Cette dernière est installée au Louvre, auprès de la salle des séances publiques de l'Institut, qualifié de première société littéraire du monde par sir John Banks, qui fut vingt-trois fois président de la Société royale de Londres (2). Shepherd assiste à l'une de ses séances; il s'étonne du costume étrange des membres de ce corps savant; les lectures se succèdent, et, bien qu'elles soient débitées sur un ton trop rapide, elles lui paraissent aussi longues et non moins ennuyeuses que celles de la Société royale de Londres (3).

Un établissement scientifique qui réunit plus de suffrages, c'est le Jardin des plantes, avec son

(1) *Journal*, p. 75. — YORKE, t. II, p. 134 à 146. Pinkerton raconte la visite du pape à la bibliothèque, lors de son séjour à Paris (t. II, p. 173).
(2) *A few days in Paris*, p. 29.
(3) YORKE (t. II, p. 37 à 61), après avoir décrit l'organisation de l'Institut, l'attaque avec virulence.

Muséum d'histoire naturelle et les cours qui y sont faits par des professeurs tels que Fourcroy, Cuvier et Jussieu. Une statue de Buffon s'élève dans le Muséum, avec cette inscription : « *Majestati naturæ par ingenium.* » Comme un étranger demandait quel était l'auteur de cette statue, le gardien répondit : « Monsieur, le nom y est, c'est par Ingenium (1). »

Le mouvement scientifique était très accentué à cette époque. Yorke énumère les principales publications qui émanent de sociétés diverses; il s'étonne du nombre et de la valeur des écrits qui paraissent presque chaque semaine sur l'économie rurale, et il déclare qu'au point de vue de la vraie science et de la philosophie expérimentale, la France ne connaît point de rivales (2). Les séances publiques de l'Institution des sourds-muets, où l'abbé Sicard expose les résultats obtenus par sa méthode, intéressent vivement les étrangers qui y sont admis, en même temps qu'ils leur inspirent des sentiments de compassion pour les élèves et de respect pour leur directeur.

Les établissements de bienfaisance, tels que les hôpitaux, attirent moins l'attention des voyageurs et des touristes, dont ils excitent peu la curiosité.

(1) Weston, p. 102.
(2) Tome II, p. 200, 336.

Quelques-uns cependant les mentionnent, et Henry Yorke leur consacre quelques chapitres. S'il attribue la décadence de la plupart des hôpitaux à l'ingérence de plus en plus envahissante de l'État, il exprime toute son admiration pour la Maternité, dont les services avaient été récemment améliorés par Camus et Bailly. Il donne aussi de nombreux détails sur une association fondée par des membres de la Société d'agriculture pour distribuer des soupes aux pauvres, au moyen de souscriptions auxquelles avaient participé les principaux corps de l'État. Le premier consul s'était inscrit pour dix-huit mille francs, que, suivant Yorke, il n'avait pas payés. Grâce au concours des particuliers, sept fourneaux avaient été établis, et de nombreuses rations à dix centimes avaient pu être remises aux indigents.

Les collections d'art ont un tout autre attrait pour le plus grand nombre des Anglais, qui cherchent surtout en voyage des impressions agréables.

Le Luxembourg renfermait la galerie des tableaux de Rubens, des statues et d'intéressants tableaux de l'école française, tels que les vues des ports de France par Joseph Vernet. Mais cette collection était loin d'égaler en intérêt le musée des Petits Augustins, où Alexandre Lenoir avait réuni les épaves des édifices religieux dévastés ou détruits par la Révolution. Les œuvres les plus précieuses et les plus belles de la sculpture du moyen âge et de la Renaissance avaient trouvé un asile dans les salles, les cloîtres et les jardins de cet ancien couvent. Les tombeaux royaux de Saint-Denis y avaient été transportés. Forbes fut admis à les visiter la nuit, à la lueur des torches, au son d'une musique funèbre; il en ressentit des sensations indescriptibles, qui se modifièrent sans s'amoindrir, lorsque, les torches étant éteintes, on pénétra dans les jardins, où la lune répandait ses lueurs plus douces sur les tombes, les statues et les vases dispersés au milieu des cyprès. Bernardin de Saint-Pierre, à qui Forbes fut présenté, assistait à ce spectacle romantique.

Pinkerton disait qu'il y avait à Paris trois choses sans rivales au monde : la Bibliothèque nationale, le Jardin des plantes, le musée du Louvre. Le Louvre est surtout, comme l'écrit Weston, le trait caractéristique de Paris. Particulièrement à cette époque, où la victoire y a réuni toutes les merveilles de la sculpture antique, des peintures italienne et hollandaise, ce musée est une sorte de merveille qui excite les cris d'admiration de Fox, qui le trouve stupéfiant, étonnant, magnifique! Il y revient toujours avec un nouveau ravissement; il ne se lasse pas de s'extasier devant certains chefs-d'œuvre, surtout devant le *Saint Jérôme* du Dominiquin. Les célèbres statues antiques amenées de Rome excitent l'enthousiasme de tous, tandis que les salles de dessins attirent l'attention des connaisseurs; on oublie presque la violence des procédés par lesquels on s'est procuré tant de chefs-d'œuvre pour ne jouir que de leur beauté (1). Shepherd se contente de dire que les statues prises aux Grecs dégénérés par les Romains, aux Romains dégénérés par les Gaulois, seront peut-être un jour transportées sur les bords de la Néva.

On admire aussi la libéralité avec laquelle le gouvernement ouvre à tous les galeries du musée, gardées il est vrai par des sentinelles. De nombreux soldats apparaissent dans la foule, « semblant admirer d'un air de triomphe les tableaux qu'ils ont conquis ». Des copistes, parmi lesquels plusieurs jeunes femmes élégantes, sont autorisées à les reproduire. Le colonel Thornton, pendant son séjour à Paris, consacre mille guinées à faire copier les plus célèbres d'entre eux.

L'étranger n'a pas seulement enrichi de ses dépouilles le musée; la province lui a fourni aussi son contingent; telle est la fameuse tapisserie de Bayeux, représentant la conquête de l'Angleterre

---

(1) Weston donne la liste et l'origine des principaux tableaux dans son *Praise of Paris*, p. 166.

par les Normands et qui ne manque pas d'intéresser les Anglais. Mais toutes les conquêtes artistiques ne sont pas concentrées au Louvre ; beaucoup d'entre elles ont été réparties entre des généraux comme Murat et Masséna et décorent les appartements de Lucien Bonaparte, du cardinal Fesch, et surtout ceux de Mme Bonaparte aux Tuileries et à la Malmaison.

IV

HOTELS. — PALAIS-ROYAL. — LES MŒURS. — THÉÂTRES. JARDINS PUBLICS. — ENVIRONS DE PARIS.

La première préoccupation des Anglais à Paris est de chercher un hôtel et de s'y installer. « Seul ou en petit nombre, dit-on, on peut se loger à bon compte ; mais en famille, on ne peut avoir d'appartements à moins de vingt guinées par mois, et dans les premiers hôtels, de quarante à soixante guinées. » Les hôtels les plus renommés sont situés dans la rue de la Loi, l'ancienne rue de Richelieu, et sur la place de la Révolution, l'ancienne place Louis XV ; rue de la Loi, à l'hôtel de Toscane, s'il y a des punaises aux étages supérieurs, on paye au premier un appartement dix louis par semaine. Le prix est le même au grand hôtel Richelieu, où les chambres sont très élégamment meublées. L'hôtel de Courlande, place de la Révolution, et l'hôtel des Étrangers, qui n'en est pas éloigné, sont des plus fréquentés ; on vante la magnificence de leurs appartements. La famille Edgeworth, qui descend dans l'un d'eux, loue un carrosse de remise qui a appartenu à Madame Élisabeth (1). L'hôtel le plus aristocratique paraît être l'ancien hôtel de la Rochefoucauld, rue de Seine, où logent Forbes et Fox. L'installation y est superbe, dans des appartements princiers qui donnent sur de vastes jardins. On y sert à neuf heures et à cinq heures des repas à deux services, avec bourgogne, frontignan et champagne, pour la somme de neuf louis par semaine.

D'ordinaire on s'entend avec un traiteur, qui vous apporte les repas à l'hôtel; ainsi, à l'hôtel de Richelieu, on fait prix à vingt guinées par semaine, pour cinq personnes et deux domestiques, et l'on a des difficultés pour le règlement de compte. On peut aller aussi dîner à la carte au restaurant, que, depuis la Révolution, les femmes peuvent fréquenter, ce qui choque les idées anglaises. Le nombre et la variété des mets portés sur la carte et la promptitude du service étonnent aussi les Anglais. L'un d'eux s'est complu à comparer les prix des plats chez les premiers restaurateurs, Méot et Véry, en 1792 et en 1802. Le prix des plats de viande, bœuf ou mouton, a doublé, tandis

(1) Une voiture de remise se paye vingt-cinq guinées par mois.

que celui de la volaille et du poisson est resté le même (1).

On peut vivre cependant sans grands frais à Paris; chez Bertrand, au Palais-Royal, on sert pour quarante sous, dans des salons élégamment meublés, des dîners avec potage, quatre plats, un dessert et une bouteille de vin. On se procure, moyennant quatre guinées par semaine, tout le plaisir et le confort qu'on peut raisonnablement désirer, en hôtel, restaurant, voitures, et spectacles de tout genre (2).

Les plus célèbres restaurants sont au Palais-Royal, qu'on appelle officiellement le palais du Tribunat. Les étrangers ne manquent pas d'y courir en arrivant à Paris. Il est toujours aussi brillant, aussi fréquenté, aussi animé qu'en 1789. « C'est un petit type de capitale, écrit Pinkerton, avec toutes ses richesses, ses plaisirs et ses vices. » Sans doute les moralistes se scandalisaient : Yorke, souvent excessif, le qualifie de « temple infect du péché et de cloaque infernal d'iniquités »; miss

---

(1) *Praise of Paris*. Le rosbif vaut quinze sous en 1792, une livre dix sous en 1802; la côtelette de mouton six sous en 1792, seize sous en 1802, la fricassée de poulet deux livres dix sous aux deux époques, etc. — Eyre donne aussi, d'une manière complète, la carte de « Véry, restaurateur, glacier et limonadier au Jardin des Tuileries » (p. 114-127).

(2) EYRE, p. 370.

Plumptre trouve le duc d'Orléans plus coupable comme constructeur du Palais-Royal que comme révolutionnaire. D'autres disent : « De même que Paris dévore la moelle de la France, le Palais-Royal dévore la moelle de Paris. » En revanche, Holcroft s'écrie : « L'univers entier se concentre au Palais-Royal, où tout est ordre, esprit de suite, profusion et splendeur! » Jamais boutiques ne furent installées dans un si bel édifice. Les cafés s'étalent sous les arcades ou se dissimulent dans les sous-sols, comme le café des Aveugles et le café Philharmonique (1). C'est une foire où il y a du plaisir pour tout le monde. Le premier étage abrite les maisons de jeu, avec leur vaste antichambre où sont déposés les chapeaux, les manteaux et les cannes de centaines de joueurs, assis dans des salles voisines autour de tables brillamment éclairées. N'est-ce pas là que Weston pouvait dire que Paris est une vaste *bonbonnière*, une immense *académie de jeu* et une énorme *table d'hôte?* Le soir surtout, le spectacle que présente le palais est extraordinaire; l'étranger doit y retourner souvent avant de cesser de s'en étonner.

(1) Une amusante et jolie aquarelle de la collection Hennin (t. 146), intitulée *les Anglais au café Borel*, nous montre plusieurs Anglais et Anglaises attablés dans ce café, en écoutant un ventriloque monté sur une chaise.

Tout est brillamment illuminé ; la foule se presse dans les galeries, surtout dans les galeries de bois, où fourmillent des femmes si largement décolletées et d'allure si libre qu'aucune femme honnête ne peut circuler au milieu d'elles sans être choquée.

Les Anglaises et même les Anglais se choquent en effet facilement des mœurs françaises, et souvent avec moins de raison. « Vous avez toujours le mot *superbe* à la bouche, dit un Anglais à un Français. — Et vous, répond le Français, le mot *shocking* (1). » Les modes à la grecque, le sans-gêne des femmes qui se promènent, les épaules et les bras nus, sans châle et sans chapeau, en portant des petits chiens dans leurs bras, qui relèvent leurs robes jusqu'à montrer leurs mollets, et, chez elles, reçoivent les hommes à leur toilette ; l'exposition aux vitrines des marchands de gravures inconvenantes, la nudité des statues des Tuileries sont pour eux des sujets de scandale, non moins que l'habitude, même pour quelques femmes, de satisfaire ses besoins le long des murs dans les rues. Holcroft, faisant une visite à l'acteur Picard, est introduit dans sa chambre, où il le trouve au lit, à côté de sa femme en bonnet de nuit ; une autre

---

(1) *Journal of a party*, p. 84.

fois, il est reçu par une dame qui est dans sa baignoire, ayant de l'eau jusqu'au menton. Ces relations d'Holcroft ne paraissent pas, du reste, appartenir au grand monde. Une Anglaise dit de certains auteurs que la manière dont ils parlent de la société fait supposer qu'ils n'ont fréquenté que celle du Palais-Royal.

D'autres s'étonnent qu'en France il ne soit pas d'usage de changer de couvert à chaque plat, qu'on essuie son couteau sur son pain, qu'on prenne du poivre avec les doigts; en revanche, chacun a sa serviette et son verre; ce n'est pas comme en Angleterre, où tous les convives boivent dans le même pot à bière. « Nous affectons d'être supérieurs aux Français, dit Hughes, nous sourions avec dédain de quelques-uns de leurs usages; mais nous oublions que nous en avons aussi qui devraient être également réformés (1). »

Pinkerton reconnaît que l'ivrognerie est rare en France. Un domestique ou un artisan refusera un verre de vin en disant : « Merci, je n'ai pas soif. » On s'enivre dans les basses classes en joyeuse compagnie, mais on ne rencontre pas d'ivrognes dans les rues. Dans les hautes classes, le goût du vin n'est pas favorisé par « l'abominable usage de

---

(1) Hughes, p. 155.

toaster ». Les Français jurent souvent, mais leur vocabulaire sous ce rapport est infiniment moins riche que celui des Anglais, « dans la langue desquels il y a plus de serments et de blasphèmes que dans toutes les autres langues du monde réunies (1) ».

Il y a plus de tenue et de décence dans les théâtres de Paris que dans ceux de Londres. Les comédies, dans cette dernière ville, sont moins morales ; l'attitude des spectateurs y est bruyante et déplaisante (2). A Paris, les Anglais sont étonnés de l'ordre avec lequel on prend ses places, de l'attention silencieuse avec laquelle on écoute les pièces, de la sensibilité des Français, de leur enthousiasme pour les nobles sentiments, de leur attitude convenable et de bon ton, qui témoignent, dit Trotter, en faveur du renom qu'ils ont obtenu depuis longtemps par leur élégance et leur goût (3). Ce qui n'empêche pas Forbes de dire que les théâtres, plus nombreux qu'en 1789, sont moins bien fréquentés qu'alors (4). Le parterre, mal composé, selon lui, ne renferme plus d'aussi bons juges, et

(1) PINKERTON, t. I, p. 497.
(2) Mme DE GENLIS, *Nouveaux Souvenirs de Félicie*, p. 29. —FIÉVÉE, p. 80. — SHEPHERD, p. 54. — HOLCROFT, t. II, p. 180.
(3) *Journal of a party of pleasure*, p. 57, 70.
(4) Reichardt est du même avis. Il trouve le public parisien très perverti depuis dix ans au théâtre ; il est turbulent et bruyant. Il est vrai qu'il se plaint des Anglais « se carrant aux

les loges sont remplies de femmes éhontées, de spéculateurs et de commis, dont le luxe insulte à la misère publique. A l'Opéra même, si les femmes sont élégantes, les hommes sont mal mis et ont mauvaise façon.

Le théâtre le plus brillant est toujours l'Opéra, qu'on désigne sous le nom officiel de Théâtre de la République et des Arts. Depuis la Révolution, il a été transféré de la porte Saint-Martin à la place Louvois. Les chanteurs y forcent trop la voix, et la musique, que certains trouvent ennuyeuse, charme moins les Anglais que la magnificence du spectacle et la perfection de la danse, « vraiment sans rivales en Europe ». Sur la danse, ils sont unanimes. Elle cause au secrétaire de Fox des sensations délicieuses. Le ballet, dit-il, est la plus charmante chose du monde; les danseuses semblent modelées de la main des Grâces et rappellent l'âge d'or de la Grèce. « Elles sont vraiment excellentes, écrit Weston; un pas de deux dansé par Mlles Chevigny et Clotilde est la perfection. » Les danseurs, tels que Vestris, Gardel et Deshayes, sont toujours en vogue. Vestris surtout, malgré son âge, ravit les

meilleures places et assassinant leurs voisins de questions saugrenues ». (*Un hiver à Paris*, p. 94 à 96.) — Holcroft raconte que de jeunes Anglais se montrèrent dans un théâtre, l'été, en manches de chemise, et que le parterre les fit expulser. (T. II, p. 181.)

spectateurs. L'affluence est telle qu'on ne peut avoir de place quand on joue *Tamerlan* et surtout *Sémiramis*, dont la mise en scène est superbe. *Hécube* et le ballet de *Télémaque* ont aussi beaucoup de succès. Lors des représentations à bénéfice, les entrées de faveur sont suspendues, le prix des places, doublé et triplé, peut être porté jusqu'à dix-huit livres (1).

Le Théâtre-Français, dont la salle est très belle, quoique assez mal éclairée, attire plus de monde encore que l'Opéra; mais si la comédie a de l'attrait pour les Anglais, la tragédie a moins de charmes pour eux; ils en trouvent le genre désagréable et dépourvu de naturel. L'extravagance de la diction, le ton de matamore, les poses académiques des acteurs sont fatigants. Cependant Talma, dont le talent est indiscutable, excelle dans Oreste, Mlle Duchesnois dans la tragédie. Talma, élevé en Angleterre, « à demi anglais », prétend Weston, semble avoir pris Kemble pour modèle, mais en donnant à ses défauts un caractère français (2).

(1) Eyre donne le prix des places des différents théâtres. Les prix des meilleures places sont : à l'Opéra, 6 fr. 70; au Théâtre-Français et à l'Opéra-Comique, 6 fr. 60; à Louvois, 5 fr. 50; au théâtre Molière, 4 francs; au Vaudeville, au théâtre Montansier et aux Jeunes Artistes, 3 fr. 30; à la Gaîté, 3 francs; à l'Ambigu, 2 fr. 20, etc.

(2) *Journal of a party*, p. 83. — *Praise of Paris*, p. 13. — Eyre, p. 136 à 187.

Le Théâtre italien, installé dans la salle Favart, est moins fréquenté par les étrangers. L'atrabilaire Yorke, qui méprise les autres spectacles, se laisse charmer par celui-ci. Il y fut témoin, à la troisième représentation des *Zingari*, d'une ovation enthousiaste faite à Païsiello. Le premier consul, qui a un faible pour ce théâtre, assiste à cette représentation; il tourne le dos au public, au fond de sa loge, tandis que sur le devant se montrent sa mère, sa femme et sa belle-fille Hortense, ces deux dernières parées de colliers de diamants, mais avec des corsages infiniment plus décents que ceux des autres femmes qui se trouvent dans la salle.

On va aussi au théâtre de la rue Feydeau, où l'on joue l'opéra-comique, et dont la salle est entourée, comme aux Français, de colonnes qui « empêchent certains spectateurs de voir les acteurs, autant que si ceux-ci étaient à Constantinople (1) » On y applaudit *l'Épreuve villageoise* et *Maison à vendre*. Quelques étrangers s'égarent jusqu'à l'Ambigu, où l'on joue des mélodrames, au théâtre de la rue de la Victoire, l'un des plus beaux, mais rarement ouvert à cause de l'éloignement, et même au théâtre de la Cité, l'un des plus grands et des plus

---

(1) WILLIAMS, *State of France*, p. 12.

élégants de Paris, suivant John Eyre, mais que la mode n'a pas adopté. Ils y voient un chaudronnier et un ramoneur discutant sur les mérites et les défauts de Paris ; pour le premier, Paris est si beau qu'on devrait le mettre sous verre ; pour le second, Paris n'est que poussière et que boue, et la hauteur des maisons est telle qu'elle empêche de voir Paris (1). Brunet attire la foule au théâtre Montansier, aujourd'hui théâtre du Palais-Royal, dont le foyer, « rappelant Chypre et les prêtresses de Vénus », semble par sa fréquentation une annexe des galeries de bois. Brunet est d'autant plus populaire qu'il est quelque peu frondeur ; on dit même qu'il aurait été emprisonné pour avoir dit, lors de l'établissement du Tribunat : « Je suis tribun, ma femme est tribune et nous faisons des tribunaux (2). » Le théâtre Louvois et le Vaudeville, place du Palais-Royal, donnent des pièces gaies qui charment par la peinture des mœurs et par le jeu naturel des acteurs, comme la *Petite Ville* de Picard, qu'on joue à Louvois.

Parmi ces pièces, il en est qui témoignent de la sympathie et même de l'engouement qu'inspirent les Anglais. L'anglomanie, que Fiévée et un « manufacturier », inquiet de la vogue des marchan-

(1) *Praise of Paris*, p. 84.
(2) Pinkerton, t. II, p. 376.

dises anglaises, signalent comme un danger public, l'anglomanie se répand partout. Aux Italiens, on représente un opéra de Cimarosa : *l'Italien à Londres;* à Louvois, *Tom Jones à Londres;* aux théâtres du Marais et des Variétés, *l'Anglais à Bordeaux;* au Vaudeville, *le Peintre français à Londres.* Cette dernière comédie met en relief le caractère de Nelson, qui, sous le nom de lord Selnon, offre cinq cents guinées à un peintre français pour un tableau de la bataille d'Aboukir et, sur le refus patriotique de celui-ci, lui maintient la somme proposée en lui faisant faire son portrait.

On montrait aussi un plan en relief de Londres au Panstéorama du pavillon de Hanovre, et une vue de la même ville au panorama du boulevard Montmartre. Les Anglais allaient voir d'autres curiosités, telles qu'un plan de Suisse en relief au quai Voltaire, où était aussi exposé un Suisse, de grandeur naturelle, en costume national; le muséum d'anatomie du Palais-Royal, avec ses reproductions répugnantes; le Théâtre pittoresque et mécanique, que décrit John Carr; la « phantasmagorie de Robertson », rue des Capucines, où des illusions d'optique curieuses étaient présentées; des courses d'oiseaux hollandais, au jardin d'Apollon, ci-devant des Capucines, où se trouvait aussi « un salon de caricatures anglaises (1) ».

Paris avait alors, l'été, des attraits et des séductions qu'il n'a plus au même degré. Le jardin des Tuileries était fréquenté par la société élégante, surtout l'allée à la mode qui longeait les Feuillants, le dimanche, de trois heures à cinq heures. Pinkerton admire combien les statues qui décorent les parterres ont échappé, même pendant la Révolution, à une dévastation qui, à Londres, même en temps ordinaire, ne leur eût pas été épargnée par la populace. Deux restaurants-cafés, dont l'un était tenu par Véry, y étaient en vogue. Les jolies femmes s'y réunissaient certains jours à l'exclusion d'autres, comme si elles s'y étaient donné rendez-vous. Le jardin du Luxembourg est surtout fréquenté par les bourgeois du quartier, et son aspect, suivant Pinkerton, est plutôt provincial que parisien.

Pour le soir, que de salles publiques et de jardins merveilleux s'ouvraient pour l'étranger : Frascati, Tivoli, le Hameau de Chantilly, situé

---

(1) On publie aussi à Paris deux journaux anglais, le *Bel Messenger* et *The Argus or London review'd in Paris*. L'*Argus*, qui paraît trois fois par semaine, était destiné à soutenir la politique du premier consul, tout en donnant particulièrement des nouvelles d'Angleterre; il dura jusqu'en 1810. Le comte de Montlosier, qui publiait à Londres, en français, le *Courrier de Londres et de Paris*, le fit paraître à Paris à partir du 26 juin 1802; mais il ne tarda pas à être supprimé par la police.

dans le parc de l'Élysée, la Folie-Beaujon, le pavillon de Hanovre, le jardin d'Apollon, sans compter les jardins de Marbeuf, de la Muette et de Monceau. En sortant de l'Opéra, à neuf heures, la société élégante se rendait à Frascati, au coin de la rue de Richelieu et du boulevard. L'entrée était libre, mais on y prenait des rafraîchissements dans plusieurs salles richement décorées. Ces salles ouvraient par de larges portes sur un jardin dont les bosquets étaient agrémentés de temples, de monticules, de grottes et d'allées illuminées de lampes de couleurs. On aurait cru voir la réalisation d'un rêve des *Mille et une Nuits* ou du paradis de Mahomet, tandis que, respirant l'air frais de la nuit et prenant des glaces sous les tonnelles, on voyait circuler les femmes les plus élégantes, dont le costume alors à la mode ne faisait que trop valoir les formes, suivant certains censeurs. La société était assez mélangée; mais la confusion des classes ne nuisait pas à l'harmonie de l'ensemble. Les beautés en renom venaient s'y faire admirer. Trotter y vit Mme Récamier, environnée et presque étouffée par une multitude d'admirateurs « de ses charmes délicieux », que son air ingénu et sa simplicité venaient encore accroître. Certains jours, des feux d'artifice terminaient la soirée. Forbes, en ramenant sa femme et sa fille à sa voiture, après avoir admiré le palais d'Armide en feu d'artifice, s'aperçut que sa montre avait disparu; il eut la consolation d'apprendre que quatre-vingt-quatre de ses compatriotes avaient eu le même sort, et toutefois il reconnaît que la police est bien faite aux abords des théâtres.

Tivoli était moins élégant que Frascati, mais ses jardins, qui contenaient trente-cinq arpents et étaient loués vingt-cinq mille francs, étaient plus vastes et plus variés. Des jeux de toutes sortes y étaient installés : ombres chinoises, marionnettes, joutes sur l'eau, mâts de beaupré. Au milieu, sur un grand parquet, tournent au son de la musique deux cents couples se livrant aux plaisirs de la valse, qui amuse les Anglais, non sans les scandaliser quelque peu. Plusieurs n'hésitent pas à déclarer que cette danse ne deviendra jamais à la mode en Angleterre. Malgré l'affluence, il était plus facile de trouver des danseuses à Tivoli qu'au Hameau de Chantilly, désigné aussi sous le nom de Paphos, où l'assistance se recrutait dans des classes plus inférieures. Les entrées n'y coûtaient qu'un franc au lieu de deux, et donnaient droit à un verre de boisson rafraîchissante. Les Folies-Beaujon avaient des promenades mieux aménagées, des distractions plus variées, des illuminations plus complètes ; on y jouait des pantomimes, telles que celle de *Télé-*

maque quittant l'île de Calypso, au milieu de feux d'artifice.

Le Parisien, dit John Eyre, aime, chérit, idolâtre même la danse. Toutes les classes, riches et pauvres, ont leurs petits bals, car cette rage ou ce goût met en réquisition toutes les jambes en France. La blanchisseuse danse dans son lavoir; le décrotteur en cirant les chaussures; les domestiques même, en balayant les appartements, époussettent en faisant des pas de rigodon. Les Champs-Élysées, « un vrai paradis terrestre », présentent les plaisirs sur toutes leurs formes : jardins illuminés, concerts, bals, restaurants et guinguettes attirent à chaque pas l'attention du promeneur.

En dehors de Paris, on peut aller danser le dimanche et le jeudi au Ranelagh, où la foule est singulièrement mélangée, où des femmes, en culottes et en bottes, servent de cavaliers à d'autres femmes. Au bois de Boulogne, l'ancien château du comte d'Artois, Bagatelle, est converti en restaurant. Il en est de même du Petit Trianon, où les Anglais du grand monde dînent dans le boudoir de la reine. Fox s'y trouve avec le général Fitzpatrick, lord Robert Spencer, lord et lady Holland.

C'était presque un voyage que d'aller à Versailles. Une famille anglaise s'y rend dans un cabriolet attelé de chevaux de poste, et précédé d'un courrier qui galope sur un bidet. On change de chevaux à Sèvres, tandis qu'on visite la manufacture(1). La largeur et la beauté de l'avenue frappent les étrangers non moins que la solitude et l'abandon de la ville, dont les habitants ont été ruinés par le départ de la cour. Un faquin en haillons sert de cicerone pour la visite du château, où l'on a brisé sur les façades tous les signes rappelant la royauté. Les salles, d'où l'on a enlevé les meilleures peintures et les glaces, restent encore imposantes par leurs dimensions et par la décoration de leurs plafonds, que sur certains points la pluie menace d'endommager. Une partie d'entre elles renferme des objets d'histoire naturelle et une réunion de tableaux de l'école française, que les étrangers paraissent peu apprécier, mais que le *Journal des Débats* déclare former « une collection telle qu'aucun pays du monde, l'Italie exceptée, n'en pourrait composer une semblable (2) ». Le gouverneur du château est M. de Cubières, un amateur distingué, dont on peut visiter le cabinet (3). Les jardins si admirés portent des traces de dévastation et d'abandon; l'Orangerie est en bon état, et l'on tire un

---

(1) *A Journal of a party*, p. 85.
(2) *Débats* du 25 thermidor an X. — *Moniteur* du 13 germinal, article par La Vallée. — On y voyait des Poussin, des Le Brun, des Drouais, etc.
(3) PINKERTON, t. II, p. 137.

profit annuel de la vente des fleurs d'oranger.

Les environs de Paris, dit Pinkerton, égalent, s'ils ne les surpassent, ceux de Londres en beauté et en variété. Ils sont délicieux, écrit Weston. Aussi, pendant l'été, est-ce un charme que de se promener sur les bords de la Seine, près de Saint-Cloud, que de parcourir les parcs de Meudon, d'y voir, les jours de fête, danser sous leurs ombrages, au son de violons faux et de clarinettes criardes, les jolies filles de Paris et des villages voisins, la figure épanouie et teintée de rose par le plaisir! Dans les riants villages des environs du Raincy, le dimanche soir, les habitants, proprement vêtus, se livrent au charme de la danse, sur le gazon, au clair de lune, ou dans des salles bien éclairées (1). La vallée de Montmorency n'a pas moins d'attraits. La plupart des maisons de campagne qu'elle abrite ont été achetées par des bourgeois ou des marchands enrichis. L'ermitage de Rousseau est habité par M. et Mme Grétry, que Forbes va visiter (2). Ayant perdu leurs trois filles, ils y passent tristement leur vieillesse. Les

(1) YORKE, t. I, p. 358.
(2) L'Ermitage de J.-J. Rousseau, situé à Émile, près Montmorency, fut mis en vente, comme bien national, en 1798. Il comprenait une maison avec sept chambres au premier et un jardin d'un hectare et demi clos de murs, avec une jolie terrasse garnie de tilleuls et un bassin d'eau vive.

Prés-Saint-Gervais, suivant John Eyre, sont « le paradis des Parisiens ». Les artisans viennent se rafraîchir sous les ombrages de leurs riants vergers. « Dans ce lieu délicieux, tout est naturel, tout est fraîcheur, vie et beauté. Des allées de cerisiers forment des berceaux où une nouvelle Daphné fuit un nouvel Apollon; des parterres de fraises parfument l'air, et des ruisseaux, dont les eaux limpides se jouent sur un lit de gravier, inspirent par leur murmure de tendres désirs. » Qui croirait aujourd'hui que les Prés-Saint-Gervais ont inspiré de si poétiques descriptions?

Beaucoup de grands châteaux sont détruits ou abandonnés. Chantilly est en partie abattu; ce qui en subsiste est inhabité. Meudon est livré aux ouvriers qui le démolissent. La résidence du duc d'Orléans au Raincy n'existe plus; mais un restaurateur s'est établi dans le parc, où les Parisiens viennent se délasser le dimanche. Il ne reste rien du château du duc de Fitz-James à Clermont; les jardins de Fontainebleau sont désertés; le gazon pousse dans les allées et sur les marches des portiques, tandis qu'on dispose le château de Saint-Cloud pour y recevoir le premier consul et que la Malmaison est dans toute sa splendeur.

V

BONAPARTE ET SA COUR.

Ce qui excite à Paris la curiosité passionnée des Anglais, ce ne sont pas seulement les musées, les monuments, les théâtres, les promenades, c'est avant tout et surtout le premier consul, c'est Bonaparte. Grandi par ses succès guerriers et politiques, ce personnage extraordinaire est pour eux « le premier homme de l'Europe » et le héros du siècle.

Aussi comme on se précipite, le dimanche, à onze heures, pour le voir passer la revue d'une partie de ses troupes dans la cour des Tuileries ! Il y apparaît dans le cadre qui lui convient le mieux, au milieu des soldats qui ont été les auxiliaires de sa gloire, et du décor du palais des rois dont il a la puissance. Malgré son uniforme simple qui ressort sur les costumes éclatants de son état-major, il attire tous les regards. La garde consulaire excite l'admiration : « Ce sont les plus beaux hommes et les soldats les plus accomplis », dit un général polonais qui connaît toutes les armées de l'Europe. Les longs cheveux et les grandes moustaches des cavaliers suscitent les exclamations des badauds, qui disent : « Voici les garçons perruquiers à cheval. » Et sous un rayon du soleil qui brille, dit-on, aussitôt que Bonaparte apparaît, c'est un chatoiement d'uniformes brillants et pittoresques, en partie empruntés à des peuples divers, Bohémiens, Hongrois, hussards, Croates, hulans, Tyroliens, pandours, et surtout mameluks. Le costume oriental rouge et or de ces derniers fait sensation non seulement aux revues, mais dans les théâtres et les jardins publics où il se montre.

Quant à Bonaparte, c'est à qui le contemplera, s'efforcera de fixer ses traits dans sa mémoire afin de mieux se les rappeler et les décrire. Il exerce une sorte de fascination, même sur ceux qui le considèrent comme un despote redoutable et néfaste. Un Anglais, qui blâme l'engouement de ses compatriotes pour lui, trace de lui ce portrait : « Sa figure est fortement empreinte de mélancolie, de réflexion et de profondeur de pensée. On le dit impénétrable, même à ses amis, mais cela s'accorde mal avec la bouillante colère où le jeta la défaite d'Aboukir. Ses yeux sont bien dessinés et animent une physionomie où le sourire est rare. Sa voix est la plus profonde que j'aie jamais entendue ; elle semble sortir d'un tombeau. Sa bouche est large et belle, et l'ensemble de ses traits révèle un caractère. Ses différents portraits sont suffisamment ressemblants, quoiqu'ils ne lui fassent pas justice et ne rendent pas son regard, qui est extrêmement intéressant (1). » Weston prétend, de son côté, qu'aucun de ses portraits n'a réussi à le représenter sous son aspect le plus avantageux, c'est-à-dire lorsqu'il sourit. Ce sourire n'est qu'une extension de la bouche empreinte d'un certain sentiment de défiance, objecte Williams, qui lui reconnaît beaucoup de finesse pensive dans le regard, mais avec « quelque chose d'un assassin », — impression que ressent aussi John Eyre, tout en déclarant que ses yeux sont grands, noirs, vifs et perçants. Trotter, au contraire, dépeint son sourire « comme extrêmement engageant ». Sa physionomie, selon lui, a une expression puissante; elle respire la décision et la volonté. La partie inférieure de la figure est l'indice le plus décisif d'une inexorable et prompte ligne de conduite; et cependant, dans cette figure qu'on qualifie de *chatoyante* et qui émet des rayons comme un « *œil de chat* », ce serait la tristesse qui paraîtrait dominer, ce serait, comme le dit Mme d'Arblay, « le regard d'un homme profondément obser-

---

(1) *A few days in Paris*, p. 4.

vateur et contemplatif (1) ». Pour d'autres, ses traits ont un caractère antique et rappellent à la fois les bustes de Sénèque et de César (2).

Mais dans les revues du Carrousel, on l'aperçoit de loin, galopant rapidement sur son cheval blanc (3); au théâtre, où l'on se rend exprès pour l'entrevoir, il ne se montre qu'au fond de sa loge, s'avançant à peine pour répondre aux applaudissements qui l'accueillent. Pour le voir de près, il faut être admis aux audiences qu'il donne à l'issue des revues. Aussi les Anglais ne reculent-ils devant aucune démarche pour obtenir d'y être reçus : visites à Talleyrand; sollicitations auprès du préfet du Palais, M. de Luçay; pourparlers avec le chargé d'affaires d'Angleterre, Merry; longues attentes dans les salons des Tuileries (4). Il faut lire dans les lettres de Mme d'Arblay le curieux et pittoresque récit qu'elle trace de sa visite au palais du consul, où elle est accompagnée de grandes

---

(1) D'après Forbes, ce regard est dur et dénote plus de réflexion que de pénétration, mais par moments avec un mélange de douceur et de hauteur qui constitue un ensemble agréable, quand la passion ne l'altère pas (t. II, p. 90).

(2) Selon le poète Rogers, son profil a beaucoup de force et son teint est mortellement jaune. Eyre dit que, si sa tête ressemble à celle de Titus, son cœur est celui d'un Néron.

(3) L'auteur d'*A few days* prétend qu'il monte souvent sans étriers, sans doute afin de paraître plus grand.

(4) THORNTON, t. I, p. 126, 127.

dames de l'ancienne aristocratie, Mmes de Mortemart, d'Hénin et de Beauvau ; elles admirent « la parade » des troupes à travers les fenêtres, et quand le premier consul rentre, la foule les presse tant qu'elles sont heureuses de s'esquiver par une porte du jardin (1). Les hommes attendent dans la salle des Ambassadeurs, où des laquais en grande livrée, chargée de broderies, passent du café, du chocolat et les vins les plus choisis.

Enfin, on est introduit auprès de Bonaparte. Il n'a rien d'imposant, à première vue; selon Trotter, on dirait un simple gentleman indifférent à la toilette et dépourvu de hauteur. A sa droite et à sa gauche, le second et le troisième consul, gros et lourds, ressemblent à des colonnes mal équilibrées, ne sachant s'ils doivent, pour se donner une contenance, faire appel à leur mouchoir et à leur tabatière, s'appuyer sur une jambe plutôt que sur l'autre.

A chacun, le premier consul adresse quelques mots, une question généralement banale, quelquefois un compliment. Pour les Anglais, il est aussi aimable que possible. Quand il reçoit Fox, il ne manque pas de lui dire que depuis longtemps il admire en lui l'orateur et le patriote. Il accueille à

(1) *Diary and Letters*, t. VII, p. 293 et suiv.

merveille les officiers anglais en uniforme; il leur demande à quel régiment ils appartiennent, à quelle campagne ils ont assisté; il fait l'éloge des jolis uniformes. Il interroge les membres du Parlement sur les comtés qu'ils représentent, les grands seigneurs sur la terre où ils résident. Aux naturalistes, il parle zoologie, aux banquiers, agio, aux manufacturiers, chimie (1). Quand l'ambassadeur d'Angleterre, lord Whitworth, fut reçu pour la première fois aux Tuileries, il présenta trente-six de ses compatriotes au premier consul, qui leur dit : « Je suis charmé de vous voir ici; je désire que vous vous y amusiez et qu'en retournant chez vous vous emportiez l'assurance de l'estime de cette nation pour la vôtre et que leur bonne intelligence est nécessaire à la tranquillité du monde (2). »

L'empressement des Anglais à présenter leurs hommages au premier consul, le ravissement qu'ils éprouvent à se voir adresser par lui des questions souvent courtes et banales, sont blâmés par quelques-uns de leurs compatriotes. Les adversaires politiques de Fox ne peuvent lui pardonner d'avoir dîné aux Tuileries et d'avoir assisté à plusieurs

---

(1) WESTON, p. 27. — *A few days*, p. 15 à 18.
(2) BROWNING, *England and Napoleon in 1803*, p. 22. — Sur cette audience, voir aussi REICHARDT, p. 119 à 122.

des audiences de Bonaparte. Le caricaturiste Ansell le montre, avec lord Erskine et le brasseur Combe, prosterné devant l'autel du despotisme. Dans une autre caricature, Fox est représenté aplati devant le premier consul, couronné d'une tête de mort. Ansell, dans une autre image, dépeint la satisfaction qu'éprouvent John Bull et son épouse de se voir invités aux Tuileries (1).

Mme Bonaparte avait aussi ses réceptions dans ses beaux appartements du rez-de-chaussée des Tuileries, superbement meublés et décorés de tableaux inestimables rapportés d'Italie et des Pays-Bas, tels que la *Vierge à la chaise* de Raphaël, la *Joconde* de Léonard de Vinci, l'*Érasme* d'Holbein. Par une attention particulière pour les Anglais, les bustes de Nelson et de Fox y avaient été placés (2). Lorsque M. et Mme Fox furent présentés à la future impératrice Joséphine, ils trouvèrent la cérémonie courte, froide et insipide. Mme Bonaparte, dont l'âge était mal dissimulé par le fard, fit le tour du cercle des dames, leur dit quelques mots et disparut. Fox fut cependant charmé d'un entretien sur la botanique qu'il eut avec elle. Son huma-

---

(1) GRAND-CARTERET, *Napoléon en images, estampes anglaises*, 1895, p. 66 à 67.
(2) WESTON, p. 66. — TROTTER, p. 239. — Voir REICHARDT, p. 125 à 130.

4.

nité et sa bienveillance la faisaient aimer à Paris. Au mois de décembre, elle se fit présenter à Saint-Cloud la femme de l'ambassadeur, la duchesse de Dorset, la duchesse de Gordon et sa fille, et d'autres Anglaises de haut rang qui furent ravies de ses manières aimables et élégantes (1). Un auteur anglais avait cependant prétendu qu'elle se mourait d'envie d'avoir un salon, et que jamais l'aristocratie ne s'y montrerait.

Tout indiquait, en 1802, une tendance à reprendre les traditions de l'ancienne cour. Les mots de république, de liberté, d'égalité et d'indivisibilité étaient encore visibles sur les façades des Tuileries; le pavillon central portait encore les traces des balles du 10 août; mais Mme Bonaparte venait de nommer quatre dames d'honneur, et les chambellans du premier consul étaient couverts de broderies et de dentelles, comme ceux des rois (2). L'égalité disparaît ailleurs, quoiqu'on se vante de vivre sous son régime. Le terme de citoyen n'est plus usité, sinon par le portier de la préfecture de police, qui l'emploie à l'égard des étrangers. Quant à la liberté, elle figure encore dans la salle du Corps législatif, sculptée sur un bas-relief peu saillant. « Votre liberté est bien plate, dit Pinkerton au

(1) *The Argus* du 11 décembre 1802.
(2) Weston, p. 143.

gardien qui lui montre la salle. — Monsieur, c'est d'après nature », lui répond-on en souriant.

Les Chambres n'attirent plus l'attention. On rend encore les honneurs militaires aux membres du Tribunat lorsqu'ils viennent prendre séance. Le cortège est précédé de six appariteurs vêtus de gris, avec des gilets rouges et des demi-bottes, la tête couverte de chapeaux ronds à plumes bleues, portant une grande canne à la main. Le président vient ensuite, en habit bleu brodé d'argent, gilet de soie blanche, ceinture et panache tricolores ; il est suivi des secrétaires et des tribuns, les uns en grand uniforme comme le président, mais quelques-uns avec des bas noirs, beaucoup en pantalons ou avec des bottes à revers sales. Yorke, qui en trace un tableau un peu poussé à la caricature, ne trouve parmi eux que trois membres qui ont l'air de gentlemen : Lucien Bonaparte, dont les manières et la tournure sont distinguées, quoiqu'il ait la physionomie d'un « juif italien assassin » ; l'ancien ambassadeur à Londres, Chauvelin, et l'ex-directeur Carnot, entièrement vêtu de noir, mais dont les manières rappellent celles d'un homme de cour (1).

Le Tribunat, où la discussion était encore per

---

(1) *Letters from France*, t. II, p. 254-255.

mise, ne devait pas tarder à être réduit de moitié, avant d'être tout à fait supprimé. De jour en jour l'arbitraire fait des progrès; l'espionnage, dit Trotter, est porté à un degré incroyable. Il pénètre partout. Un Anglais, dînant avec deux de ses amis, émet des doutes sur le succès d'une invasion en Angleterre; il est mandé le lendemain à la police, où on l'invite à être plus circonspect. Pour des actes d'opposition plus accentués, des agents enlevaient la nuit des personnes dont on n'aurait plus entendu parler. La Bastille est démolie, mais la tour du Temple est pleine de prisonniers d'État. On signale des abus de pouvoir iniques, comme l'ordre de s'embarquer pour l'Amérique que reçoit un jeune officier dont le crime était de plaire à une actrice que courtisait Lucien Bonaparte.

Ces procédés froissent avec raison les idées de liberté des Anglais. Si bien peu, comme Holcroft et Yorke, traitent Bonaparte de tyran cruel, trompeur, altéré de sang, détesté par les esclaves écrasés sous son joug de fer; si d'autres affirment qu'il est accueilli par un silence significatif au théâtre et certains soirs de fête publique où il se montre aux fenêtres des Tuileries, il en est qui reconnaissent que son pouvoir est conforme au sentiment public et au génie de la nation. « Le peuple se félicite, dit l'un d'eux, de voir tout le pouvoir concentré entre ses mains. » La majorité écrasante qui se prononça pour le consulat à vie en est le témoignage. Il se trouve, même après la reprise de la guerre, des apologistes, comme miss Plumptre, pour le défendre contre les imputations de cruauté dirigées contre lui de l'autre côté du détroit, et même le disculper du meurtre du duc d'Enghien. « Ce n'est, écrit-elle, ni un tyran, ni un monstre détesté par ses compatriotes, et la conscription n'est pas si impopulaire qu'on le dit. » Les esprits perspicaces s'inquiètent cependant avec raison, en 1802, d'une puissance qui ne connaît plus de frein. Williams, qui rend justice aux vastes facultés de Bonaparte, constate que ses ministres, sauf Talleyrand et Berthier, ne sont plus que des zéros, que sa volonté est la seule loi du pays et qu'avec les soldats fournis par la conscription personne ne peut lui résister sur le continent. « Si son ambition n'aveugle pas sa raison, et il y a tout lieu de supposer qu'il en sera ainsi, ajoute-t-il, il sera le plus dangereux ennemi que l'Angleterre ait jamais eu. »

VI

LA SOCIÉTÉ. — LES FEMMES.

Bonaparte n'avait pas besoin d'engager les Anglais à s'amuser à Paris. Ils savaient demander des distractions non seulement aux théâtres et aux jardins publics, mais aussi aux plaisirs de la société. Cette société, à Paris comme à Lyon, se composait, suivant Williams, de quatre classes : les nobles émigrés récemment rentrés, peu fortunés, mais respectés et considérés comme des modèles de bonne éducation ; les banquiers et les négociants qui ont su maintenir leur fortune pendant la Révolution, et qui reçoivent les étrangers avec la plus grande civilité; les parvenus, devenus rapidement opulents, restés mal élevés et cherchant à éblouir; les généraux, enrichis par le pillage, sans instruction et sans éducation. Sans doute la classification est trop absolue et, sous certains rapports, incomplète; le monde officiel devait y tenir une place plus en vue; il y a dans la haute bourgeoisie, parmi les gens de lettres et les artistes, des salons où se sont conservées les traditions de la politesse française avec la simplicité et la bonhomie d'autrefois. Miss Edgeworth est ravie de la société qu'elle fréquente; c'est celle des hommes de lettres et des anciens nobles. Elle va voir Mme de Genlis à l'Arsenal; elle dine chez l'abbé Morellet avec Mme d'Houdetot; elle rencontre Camille Jordan et de Gerando chez M. et Mme Suard; elle fréquente Mmes Lavoisier, de Vergennes, de Rémusat; elle est reçue dans l'intimité de la famille Delessert. Il y a d'autres familles aimables, vertueuses et intelligentes, comme celles que nous fait connaître sir John Carr, et dans lesquelles on peut goûter sans arrière-pensée tous les charmes de la société polie.

Le monde officiel éblouit par son luxe et son cérémonial. Chez Talleyrand, qui voyage comme un prince, avec des voitures de suite, les réceptions ont un caractère imposant. Dans sa maison de campagne de Neuilly, il faut traverser de nombreux salons avant de saluer Mme de Talleyrand, entourée d'un cercle de femmes, de hauts fonctionnaires et d'ambassadeurs. Le diner est servi à huit heures, « heure ridiculement tardive, dit-on, qui devient à la mode à Paris »; et Mme de Talleyrand a derrière elle pour la servir deux jeunes nègres en superbes livrées brodées. Le maître de maison, dont la physionomie, selon Trotter, manque de noblesse et d'élévation, offre lui-même les meilleurs vins et fait les frais de la conversation aux personnes qui sont auprès de lui.

Fox, qui dîne chez Talleyrand, est invité chez le général Junot, gouverneur de Paris, dont la femme, plus tard duchesse d'Abrantès, lui trouve l'air commun, mais vraiment beau lorsqu'il parle et s'anime; il est aussi convié à un grand repas chez le ministre de la guerre Berthier. Les escaliers sont ornés de trophées militaires, et la salle à manger est décorée des bustes de Hoche, de Desaix et d'autres généraux célèbres. Mais rien n'égale la richesse de l'ancien hôtel du banquier Thélusson, devenu l'hôtel du général Murat. On visite, chez lui, jusqu'à la chambre à coucher, où l'élégance s'allie à la richesse, et l'on admire la symétrie et la beauté d'un salon circulaire éclairé par le haut, où des statues de marbre blanc figurent dans des niches au milieu de panneaux tendus de soie.

On reproche à Fox, qui passe trois heures par jour pourtant à faire des recherches aux archives des affaires étrangères, de ne manquer aucune fête, aucune réception. Saurait-il se refuser à dîner chez Mme Tallien, dont l'amabilité et les manières sont « fascinantes » ? Les fenêtres de son hôtel ouvrent sur un vaste jardin, où le son des cors produit pendant toute la soirée des effets admirables. Et quel attrait de trouver toute la société brillante de Paris, un peu mélangée, il est vrai, aux déjeuners que donne Mme Récamier, dans sa maison de campagne de Clichy, et de se laisser charmer par la beauté, la douceur, la bienveillance, l'aisance et la franchise de la maîtresse de maison! Mme Récamier, qui avait de brillantes relations à Londres, y était allée aussitôt après la conclusion de la paix; elle y avait été accueillie avec enthousiasme; ses toilettes avaient fait sensation au théâtre, et dans les jardins de Kensington elle avait failli être étouffée par les promeneurs, qui, pour mieux admirer ses traits, se mettaient à genoux devant elle et essayaient de soulever son voile. Aussi était-il naturel qu'elle accueillît les Anglais, qui l'avaient si bien reçue dans leur patrie. L'hiver, ils sont conviés en grand nombre à ses réceptions hebdomadaires, et aux bals où elle danse avec Trénisse, au milieu d'un cercle d'admirateurs.

L'hiver de 1802-1803 fut exceptionnellement brillant. Une société cosmopolite, où les Anglais et les Russes figuraient en première ligne, contribuait à l'éclat et à l'animation des fêtes mondaines. Il y avait aussi un groupe de Polonais distingués, parmi lesquels on remarquait l'illustre Kosciusko et qui avaient quitté leur patrie opprimée pour résider à Paris (1). Le journal anglais l'*Argus*, qui s'imprimait dans cette ville, publiait fréquemment, sous la rubrique *Fashionables*, une sorte de courrier mondain indiquant, jour par jour, les bals et les grandes soirées, avec les arrivées des membres de l'aristocratie anglaise. On annonce ainsi, au commencement de janvier, toutes les réceptions de Mme Récamier, de Mme Bourboulon, du consul Cambacérès, du général Junot, le bal du général Berthier, où assistent de nombreuses dames anglaises, les bals par souscription du salon des Étrangers et du salon de la Paix.

Les Anglais ne veulent pas être en reste des politesses qui leur sont faites. Le 8 janvier, anniversaire de la naissance de leur roi, ils donnent un grand bal, dont ils firent les frais à raison d'une souscription de dix louis par tête. Lord et lady Chomondeley ouvrent leurs salons. Mme Concarnon préside à des dîners et à des soirées auxquelles figurent les princesses Galitzin et de Monaco. Chez la duchesse de Gordon, qui fait les honneurs de ses salons avec sa « charmante fille » lady Georgiana, les danses commencent à minuit et reprennent après le souper, qui a lieu vers deux heures.

(1) PINKERTON, t. II, p. 267 et suiv.

Si quelques Anglais se reçoivent entre eux, comme lord Robert Spencer, qui invite à dîner, chez Robert, le premier restaurateur de Paris, plusieurs hommes politiques et des dames, d'autres réunissent une société plus variée, comme miss Helen Williams, qui voit le même soir à son thé, quai Malaquais, Carnot, un évêque napolitain, Kosciusko et Fox (1).

Miss Helen Williams était depuis longtemps fixée en France; elle avait écrit des vers qui furent traduits par Boufflers et par Esménard; elle-même traduisit la première *Paul et Virginie* en anglais; ayant embrassé les principes de la Révolution, puis la cause de Bonaparte, elle publia de nombreux ouvrages sur la France de 1792 à 1801, où les considérations politiques l'emportent sur les observations de mœurs. Elle était installée dans l'hôtel même du ministre de la guerre Berthier, lorsqu'en 1802 elle recevait dans ses salons une société cosmopolite.

Mais c'est surtout dans la société française que les Anglais, comme Pinkerton, trouvent un charme qu'on ne rencontre point ailleurs. Il provient, dit-il, de l'extrême urbanité que la présence continuelle des femmes y a introduite, les Françaises ayant une

---

(1) Shepherd, p. 77. — Voir Reichardt, p. 81 à 84.

conversation si aisée et si naturelle qu'il n'y a rien de surprenant à ce qu'elles aient rendu les hommes polis au suprême degré. Elles ne laissent pas, comme en Angleterre, ceux-ci continuer à boire entre eux à la fin des repas; c'est à l'heure du dessert, quand le champagne blanc ou rosé remplit les verres, que les dames françaises déploient toutes leurs séductions, attaquant les hommes ou se défendant avec les traits d'esprit ou d'humour les plus scintillants, passant d'une simplicité affectée à la finesse la plus aiguisée et la plus sagace. Si elles ont pour voisin un étranger, leurs yeux semblent l'engager à causer avec elles; elles semblent heureuses de sa société. Et ce n'est pas seulement à Paris qu'elles sont charmantes; dans les villes du Nord, elles ont la même liberté d'allure, la même diversité d'esprit; au Midi, elles se distinguent par la douceur de leur physionomie, l'expression profonde de leurs yeux et la richesse de leur tempérament. « Les Marseillaises, selon miss Plumptre, auraient un plus beau teint que les Parisiennes et ressembleraient plus que celles-ci aux Anglaises (1). » « Une belle Lyonnaise peut être regardée comme l'un des objets les plus enchanteurs de l'univers ». Aussi Pinkerton ajoute-

---

(1) *A narrative*, t. II, p. 444. Les Marseillais avaient aussi de grandes ressemblances avec les Anglais !

t-il dans un style qui porte la marque du goût de l'époque : « Rien de surprenant qu'un Anglais se trouve en France comme un ancien dans l'île de Chypre ou à Rome pendant les fêtes de Flore. »

L'illusion n'était-elle pas accrue par le costume des femmes et par le décor dont elles s'entouraient? Coiffées comme des statues grecques, vêtues comme elles de longues tuniques qui dissimulent à peine les formes, elles ont abandonné, dit Pinkerton, toutes les superfluités du vêtement, renonçant même au ridicule qui contenait le mouchoir, pour le faire porter par un frère, un amoureux ou un ami. La robe peut être d'une étoffe précieuse, richement brodée, mais la simplicité qu'elle affecte rappelle le goût antique dans sa forme avec laquelle s'harmonise le mobilier. Celui-ci est quelquefois égyptien, plus souvent étrusque, grec ou romain. Pinkerton, qui le qualifie d'admirable, trouve qu'il fait revivre Herculanum à Paris. Les meubles à la mode sont d'acajou décoré d'appliques de cuivre doré, et la jeune femme à demi étendue sur une chaise longue, comme Mme Récamier dans le tableau célèbre de David, apparaît sous un jour habilement ménagé, et le soir, à la lueur adoucie des lampes entourées de globes de gaze, tandis que ses attraits se détachent sur le fond sombre des papiers peints qui recouvrent les murs.

Trotter, le secrétaire de Fox, n'est pas moins enthousiaste des femmes françaises. « Par leur élégance, leur vivacité et leur sagacité, elles semblent nées pour faire de la vie de l'homme un heureux songe, où des fleurs s'étendent à ses pieds et où il respire continuellement un air embaumé. C'est en vain qu'on essayerait de rendre une justice suffisante aux grâces de leur conversation. »

Il y a peu de restrictions à ce portrait flatteur. Eyre dit que la beauté de la figure et du teint est très rare chez les Françaises ; mais il leur reconnaît des yeux perçants et malicieux, une tournure élégante, une physionomie enjouée (1).

Les femmes peuvent avoir, il est vrai, les défauts de leurs qualités. Leur amabilité peut glisser jusqu'à la coquetterie, et de la coquetterie à la licence. On prétend à Paris qu'il n'y a pas dix femmes sur cent qui soient vertueuses. Si l'on entre dans un salon, dit Williams, on est choqué d'apprendre que telle dame a divorcé, qu'une autre vit avec le monsieur qui est à côté d'elle, qu'une troisième a une intrigue avec un voisin qui joue avec son éventail... Rien n'a plus contribué à l'immoralité que la facilité des divorces pendant la Révolution.

---

(1) Page 299. — WILLIAMS (p. 15) trouve les Françaises moins propres que les Anglaises, quoiqu'elles prennent des bains plus fréquemment qu'elles.

« Et cependant cette facilité, en montrant que les fréquents changements produisaient plus d'épines que de roses, a contribué, selon Pinkerton, au réveil de la fidélité conjugale. Sans doute, dit-il, les Françaises suivent parfois le penchant de la nature, mais sans calcul d'intérêt. Elles peuvent être aussi constantes dans leur attachement que promptes à s'y livrer... Mais innombrables sont les jeunes et belles femmes qui gardent la sainteté du lit conjugal et qui, avec une charmante liberté de manières et même une réelle amitié, sont des modèles de mère et d'épouse. — Non, cher monsieur, ce serait la mort de mon mari, du père de mes enfants, et je ne survivrais jamais à la pensée d'avoir causé un tel malheur, répondait une Parisienne enchanteresse aux longues et pressantes sollicitations d'un jeune adorateur. »

« Le vice se voit plus facilement que la vertu, remarque avec justesse miss Plumptre; il faut des mois et des années pour apprécier combien il y a de femmes aimables et respectables à Paris. »

L'éducation des femmes a surtout pour but de plaire; c'est pourquoi elles apprennent surtout, selon Williams, la danse et la musique. Leur instruction est cependant plus solide qu'autrefois. Williams a connu des femmes de l'ancienne société qui mettaient l'orthographe comme leur cuisinière, et parlaient leur langue avec autant de pureté que d'élégance. Aussi sont-elles naturellement éloquentes, et s'il s'agit de solliciter les faveurs du gouvernement, elles y mettent une persistance et des ressources de persuasion qu'on ne trouverait chez les femmes d'aucun autre pays.

Ce qui fait le charme de la société française, c'est le désir général de charmer et d'être charmé. La politesse, l'amabilité sont innées chez elle. Dans tous les rangs, dit Hughes, les Français sont doux et gentils, affables et naturels. On a attribué leur urbanité à leur fausseté; c'est une calomnie et une injustice, ajoute Hughes; et Trotter dit de son côté : « Rien n'a confirmé à mes yeux cette opinion; je les ai trouvés très capables d'amitié, pleins de sensibilité et très perspicaces. » Hughes ne saurait aussi admettre que leur pauvreté relative contribue à les rendre plus aimables. « Ils ont moins de besoins que les Anglais et par conséquent peuvent être plus à l'aise en gagnant moins. » « Ce qu'ils redoutent le plus, dit Williams, c'est l'ennui; aussi font-ils tout pour l'éviter. De là leur versatilité, mais aussi l'agrément qu'on trouve dans leur société. Ils arrivent aussi à avoir des connaissances générales qui leur font comprendre en un instant des choses qu'un Allemand ne saisirait pas en une semaine. » Quoique les revenus de tous aient été diminués par la Révolution, on s'efforce de s'amuser, en province comme à Paris, sinon par des repas somptueux, au moins par des réunions aussi gaies que si elles entraînaient plus de dépenses. Les Français ont certainement le don de faire beaucoup avec peu et, qu'on l'appelle légèreté de caractère, de supporter la mauvaise fortune mieux que tout autre peuple. La même gaieté que vous avez vue prévaloir pendant l'émigration règne encore parmi eux depuis leur retour, ainsi que la même indifférence pour l'avenir et la même résolution de consacrer le présent au plaisir... « J'ai toujours cru, ajoute Williams, que la perfection serait dans un mélange qui donnerait au caractère français un peu de notre solidité et au nôtre un peu de sa gaieté. »

Les Français, sans doute, sont superficiels et vaniteux. Leur facilité naturelle les porte à étudier plus de choses qu'ils ne peuvent en approfondir; les illettrés mêmes ont des prétentions à la science. Leur plus grand défaut est la vanité. Elle les porte même à se vanter des services qu'ils rendent, ce qui vaut mieux, dit Hughes, que de ne pas être obligeant et de se taire. « S'ils laissaient leurs bonnes qualités se manifester sans affectation ni ostentation, dit Holcroft pourtant peu indulgent, ils seraient véritablement admirables. » Trotter, de son côté, voit même dans leur faible pour le plaisir une preuve de sagesse et de philosophie.

L'époque est particulièrement propice au plaisir. Il est plus que jamais l'objectif de Paris. Les agitations politiques ont cessé; la guerre est suspendue; sauf une petite minorité qui voit avec tristesse le naufrage de la liberté, on ne parle que de théâtres, de batailles et de revues. Le carnaval anime de nouveau les rues. Les cortèges officiels, où des chevaux donnés au premier consul par le roi d'Espagne sont menés en main par des mameluks, ravissent les badauds. Les fêtes publiques, que la Révolution avait préconisées, sont multipliées. Le peuple doit avoir sa part dans l'ivresse générale. Les pantomimes, les danses, les mâts de cocagne aux Champs-Élysées, les joutes sur la Seine, les illuminations des palais des Tuileries, des places Vendôme et de la Révolution, attirent une foule immense, au milieu de laquelle les Anglaises se promènent toute la soirée, en sûreté et sans ressentir le moindre ennui de la presse où elles se trouvent. Quel contraste, remarque miss Plumptre (1), entre le peuple de Londres qui, en pareille

(1) Tome I, p. 109, 126.

circonstance, croit montrer son indépendance en se poussant, en se serrant, en se bousculant, et l'allure paisible, le sentiment de l'ordre et le désir de ne froisser personne qui distinguent le peuple de Paris!

VII

L'INTERNEMENT DES ANGLAIS APRÈS LA RUPTURE DE LA PAIX.

Malgré les démonstrations d'amitié qu'échangent entre elles les deux nations, l'exécution des clauses du traité d'Amiens suscitait des difficultés qui devaient aboutir à une rupture. L'Angleterre, ne voulant pas évacuer l'île de Malte (1), profita de l'annexion du Piémont à la France pour déclarer les hostilités. Des navires marchands français furent saisis par elle avant la déclaration de guerre; pour répondre à ces actes de violence, Bonaparte voulait faire emprisonner immédiatement tous les Anglais qui se trouvaient à Paris. « Je ne veux pas, dit-il au général Junot, qu'aucun Anglais se montre ce soir dans aucun théâtre. » Junot objecta qu'au départ de lord Whitworth, des

---

(1) *England and Napoleon in 1803, being the despatches of lord Whitworth and others...*, edited by Oscar Browning, Londres, 1887. L'auteur, très impartial dans ses appréciations, attribue la rupture au refus de rendre Malte par l'Angleterre (p. 6).

assurances de sécurité avaient été données aux Anglais qui se trouvaient en France, et tout ce qu'il put obtenir c'est que ceux-ci, traités comme prisonniers de guerre, seraient internés dans certaines villes (1).

Cette mesure arbitraire prit à l'improviste ceux qui en étaient l'objet. Beaucoup cependant parvinrent à échapper à ses rigueurs. D'après Sturt, sur sept mille Anglais qui auraient été en France, sept cents seulement ne purent regagner leur pays. Ce nombre est évidemment inférieur à la réalité, que Maclean estime à mille (2). Williams vit entrer dans sa chambre, à trois heures du matin, des gendarmes qui lui intimèrent l'ordre de se rendre immédiatement à Fontainebleau. Forbes quitte Bruxelles avec sa famille pour se rendre à Paris; il n'est pas question de guerre à son départ; il ne lit pas les journaux pendant le trajet, qui dure plusieurs jours; en arrivant à l'hôtel de La Rochefoucauld, il apprend que tous les Anglais sont prisonniers de guerre. Il se rend à la préfecture de police avec quatre cents de ses compatriotes; il obtient d'être autorisé à rester à Paris, où ne

---

(1) *Mémoires de la duchesse d'Abrantès*, t. VI, p. 395 à 410.
(2) Maclean a donné une liste de deux cents Anglais ainsi retenus. (*Une excursion en France*, p. 122 à 128.) Alger a fait de même, p. 353 à 357.

peuvent séjourner que les Anglais âgés de moins de dix-huit ans ou de plus de soixante. Mais cette faveur n'est que de courte durée, et, près de six mois après, il reçoit l'ordre de se rendre à Verdun. Sa femme et sa fille ne sont pas condamnées à cet exil, mais elles préfèrent le suivre plutôt que de rester seules à Paris.

Les otages furent d'abord envoyés à Fontainebleau, à Valenciennes et à Orléans. La première de ces villes en est encombrée, et Williams cherche à y éviter la société de beaucoup de ses compatriotes qui, selon lui, ne font pas honneur à leur patrie. Mais bientôt des ordres plus rigoureux furent expédiés; les internés furent contraints, au début de l'hiver, de se rendre à des destinations plus lointaines. Heureux ceux qui obtinrent de séjourner dans le Midi, et même dans des villes comme Châlons, Verdun et Nancy; mais quel sort plus rigoureux pour les soixante Anglais internés à Orléans, qui reçurent l'ordre de partir dans les vingt-quatre heures pour le fort de Bitche, avec leurs femmes et leurs enfants, sans savoir, pour la plupart, comment subvenir aux frais du voyage!

Les autorités militaires, chargées de l'exécution de ces mesures excessives, savaient parfois en adoucir la rigueur. Le général Thiébault, qui commandait à Orléans, prit sur lui de retarder le départ de lord Elgin et du général comte O'Connell, dont il avait appris à apprécier le mérite et le caractère (1). Forbes se loue beaucoup à Verdun des procédés que le général Wirion eut à son égard, quoique d'autres Anglais internés se plaignirent de sa rapacité intéressée et de celle de plusieurs de ses subalternes (2).

Malgré les vexations dont ils furent l'objet, telles que les visites domiciliaires fréquentes et l'obligation quotidienne de se présenter à heure fixe à l'Hôtel de ville, les Anglais firent souvent contre fortune bon cœur. Le séjour en France perdait pour eux beaucoup de ses charmes depuis qu'il leur était imposé.

La résidence de Verdun et d'autres villes de province pouvait-elle être comparée pour eux à celle de Paris? Les rues de Verdun auraient été d'une propreté relative si, l'hiver, le sang des porcs qu'on égorgeait et qu'on flambait devant les portes n'avait rougi les ruisseaux. La vie y était facile. Forbes s'installe avec sa famille dans un confortable appartement au premier étage, qui lui coûte une guinée par semaine; la table, avec champagne et autres bons vins, lui revient pour le même laps

---

(1) Général THIÉBAULT, *Mémoires*, t. III, p. 351 à 359.
(2) STURT, *The real state of France*. — LAWRENCE. — Sir John CARR, *A travel through Holland*.

de temps à quatre louis, auxquels il faut ajouter deux louis pour chauffage, blanchissage et mercerie (1). « On a toutes les jouissances pour un louis par jour, ajoute-t-il, mais sans les fêtes de l'intelligence et la douce liberté. »

Il y a cependant des ressources pour l'éducation des jeunes filles. Mlle Forbes, la future comtesse de Montalembert, prend des leçons de danse du premier maître de la ville, à dix sous le cachet, des leçons de musique à vingt-cinq sous, des leçons de dessin à trente sous, et ces dernières lui sont données par un professeur qui a été dix ans à Rome. Parmi les huit cents Anglais qui sont internés à Verdun, il s'en trouve de très aimables et de très distingués dans toutes les professions. On se réunit le soir, on danse entre jeunes filles, on cause, on joue. Le général Wirion a fait venir de Metz des acteurs qui jouent la comédie et l'opéra ; il a encouragé un bal par souscription, un concert et d'autres distractions, comme l'établissement d'une salle de jeux. L'été, on peut faire quelques excursions aux environs, dans les bois, et dîner dans de

---

(1) Forbes donne une liste détaillée du prix des denrées à Verdun, avant, pendant et après la Révolution (t. II, p. 240). A Aix en Provence, la vie est moins chère encore ; un appartement de sept pièces coûte vingt guinées par an ; une personne peut vivre pour cinquante guinées. (Anne PLUMPTRE, t. II, p. 461.)

rustiques auberges. L'hiver, la chasse au loup et au sanglier offre quelques distractions aux amateurs.

Les Anglais ont cependant peu de relations avec la société de Verdun; Forbes se tient à l'écart, car il craint les espions, même parmi ses compatriotes. Il n'en est pas de même à Nancy, où les internés sont bien accueillis par la société, qui semble vouloir leur faire oublier les mesures odieuses dont ils sont l'objet. Le carnaval est des plus gais; les Anglais, les prisonniers autrichiens et russes qu'y amènent nos victoires, prennent part aux bals masqués, où se glisse la mauvaise compagnie, comme aux réunions plus intimes, aux repas où l'on célèbre la fête des dames et à la fin desquels on récite des petits vers et « des chansons improvisées avec tout l'esprit qui est si familier aux Français (1) ».

Malgré les distractions qu'ils savaient prendre, les Anglais n'épargnaient rien pour obtenir leur liberté. Forbes se rend à Nancy pour remettre un placet à Napoléon; il est ébloui par l'aspect de la

(1) Il est intéressant de comparer à cet accueil celui que reçurent les prisonniers français à cette époque en Angleterre. Cinq cents soldats français, dont trois cent cinquante avaient été capturés sur un navire, en 1804, furent internés jusqu'en 1812 dans la petite ville de Wincanton, qui comptait à peine deux mille habitants. Ils eurent avec ceux-ci des relations très cordiales. (George SWEETMAN, *The French in Wincanton*, 1897. — MARET, *Journal des Débats* du 5 janvier 1898.)

Grande Armée, que commande le conquérant; il n'a jamais vu plus beau corps de soldats alertes et entraînés; jamais rien de comparable à la Garde; mais le placet qu'il a rédigé est reçu par l'Empereur avec toute « la hauteur imaginable ». Forbes ne se découragea pas; il fit valoir son titre de membre de la Société royale de Londres auprès de Carnot, président de l'Institut, affirmant que dans ses *Voyages en Orient* il avait écrit ou dessiné cinquante-deux mille pages contenues dans cent cinquante volumes. L'Institut lui fit annoncer par son secrétaire Cuvier qu'il le recommandait au ministre de la guerre, ainsi qu'Osborne et le minéralogiste Ferguson, également membres de la Société royale. Forbes obtint bientôt ses passeports et put regagner l'Angleterre en s'embarquant à Morlaix. D'autres savants, comme Shaftesbury, le géographe Pinkerton, le chimiste Hendry, Alexandre Hamilton, le seul Européen qui passât pour savoir le sanscrit, purent également rentrer dans leur patrie, par l'appui que leur donnèrent Carnot et l'Institut. Williams obtint sa délivrance, grâce à une lettre du docteur Jenner que Corvisart se chargea de remettre à Napoléon en 1806. « Je ne puis refuser, dit-il, la demande d'un grand homme comme le docteur Jenner. » D'autres, comme le duc et la duchesse de Newcastle, la marquise de

Donegal, Greathead, l'inventeur du *life-boat*, durent leur libération à des causes diverses. Le docteur Maclean put faire attester qu'il n'avait pas séjourné depuis dix ans en Angleterre. Mme Trothill, qui était d'une grande beauté, obtint la liberté de son mari en présentant, à la chasse, une pétition à Napoléon, et l'on dit que James de Bath eut recours avec succès à l'intervention du pape (1).

Quelques-uns furent obligés d'employer la ruse ou des subterfuges pour quitter la France. Bravant la répression sévère qui les attendait s'ils se laissaient prendre, ils feignaient la maladie ou passaient la frontière sous des noms supposés ou des prétextes divers. Le directeur de cirque Astley gagne l'Angleterre en passant par le Piémont ; Henry Lawrence, l'historiographe de l'élégante colonie anglaise de Verdun, s'échappe de cette ville en se faisant passer pour Allemand ; William Wright réussit à quitter Calais en s'enfermant dans une malle.

Mais combien d'autres, comme Mme d'Arblay, furent contraints d'attendre de longues années que les frontières leur fussent ouvertes! Combien moururent à Verdun, à Paris et ailleurs! La situation des petits négociants, des familles sans for-

(1) John ALGER, *Englishmen in french Revolution*, ch. XIII. *Napoleon's captives*.

tune que la paix avait attirés en France était plus triste encore que celle des autres, et des souscriptions ouvertes en Angleterre, ainsi que la générosité de quelques grands seigneurs exilés, durent y subvenir. Plusieurs Anglais cependant se fixèrent dans le pays qui leur imposait son hospitalité, comme Grey Mac Nab, qui poursuivit ses études de médecine et d'économie politique à Montpellier et y mourut en 1823.

La plupart des auteurs anglais qui ont décrit les vexations dont ils furent assaillis après la rupture de la paix, ont blâmé les procédés dont ils furent victimes, mais sans cesser de rendre justice au caractère du peuple avec lequel leur nation était en guerre. Si Maclean s'exprime comme un pamphlétaire passionné, Forbes, Williams, Lawrence se montrent dégagés de préjugés et de haine à l'égard des Français. Lawrence, dit un de ses biographes, se sert de termes justes et libéraux en parlant d'eux, et rend même témoignage à la capricieuse magnanimité de Napoléon. C'est que la plupart, sans s'en douter, subissent l'ascendant du succès et se laissent pénétrer par la séduction que la France exerce sur eux. Sans doute, il existe entre les deux peuples une antipathie instinctive et pour ainsi dire héréditaire. Eyre demande à un jeune garçon de cinq ans s'il veut venir avec lui dans son pays. « Non, monsieur, lui répond l'enfant, tous les Anglais sont méchants. » Eyre reconnaît qu'un préjugé analogue se serait manifesté en Angleterre. « Les deux peuples sont hardis et braves, audacieux et rapaces, dit un Américain; ils se traitent de chiens de Français et de diables d'Anglais; mais tout en se croyant supérieurs, chacun de leur côté, il s'estiment mutuellement. » L'enquête à laquelle se livrent les voyageurs anglais met souvent en relief les qualités des Français, sans dissimuler leurs défauts, et il ressort de leurs écrits des témoignages d'autant plus précieux qu'ils émanent d'adversaires justement orgueilleux de leur nation, mais rendant hommage à la vérité en reconnaissant les qualités aimables et solides des membres d'une nation rivale. S'ils parlent de la tyrannie et de l'insatiable ambition de Napoléon, ils sont disposés à proclamer les mérites de ses sujets, et lorsque les hostilités sont suspendues, ils font des vœux sincères pour le maintien d'une paix que les deux peuples souhaitaient et que la politique des deux gouvernements devait trop tôt rompre.

NOTA

En traduisant sous le titre d'*Impressions de voyage* de sir John Carr *l'Étranger en France, ou Voyage du Devonshire à Paris*, nous avons omis plusieurs passages sans intérêt pour le lecteur français, quelques développements inutiles et déclamatoires, mais en conservant autant que possible, tout en lui en laissant la responsabilité, les appréciations morales et politiques de l'auteur, les erreurs de fait mêmes qu'il peut commettre, et quelques-unes des amplifications où il paye son tribut à la sensibilité et au goût littéraire de l'époque.

IMPRESSIONS DE VOYAGE
EN FRANCE
DE SIR JOHN CARR

CHAPITRE PREMIER

DE SOUTHAMPTON AU HAVRE.

Les émigrés français à Southampton. — Sentiments des prêtres. — Éloge de leur conduite en Angleterre. — Sainteté de leur caractère. — Le café des émigrés. — Embarquement. — La traversée. — Le prédicateur mourant. — Arrivée au Havre. — Débarquement. — Costume des femmes. — Habileté des portefaix. — Hôtel de la Paix. — Accueil du personnel. — Le couteau de la servante. — Repas. — Passeports. — Collection d'un négociant. — Visite de la ville. — Monsieur et citoyen. — Église. — Emblèmes républicains. — Condamnés militaires. — La villa du préfet maritime. — Les radeaux pour l'invasion. — Les charrettes.

Le surlendemain de notre arrivée à Southampton (1), la ville était animée par l'affluence d'un

(1) Le premier chapitre du livre de Carr n'offre que peu d'intérêt pour le lecteur français. L'auteur raconte que c'est de Torr Abbey, résidence de Georges Cary, qu'il partit pour Portsmouth et Southampton, où il trouva un paquebot sur le point de partir pour le Havre.

grand nombre d'émigrés français qu'un décret favorable rappelait dans leur pays (1). Ils présentaient un spectacle intéressant et touchant.

Un vénérable curé, qui se trouvait dans la même salle que nous, mangeait très peu; pressé de faire plus d'honneur au repas, cet homme sympathique répondit les larmes aux yeux : « Hélas ! je n'ai pas d'appétit. Dans peu de temps, je retrouverai les lieux témoins de ma naissance, de ma jeunesse, de mes jours heureux, d'où une révolution implacable m'a banni depuis dix ans; je demanderai ceux qui m'étaient chers, et ils ne seront plus; ceux qui subsisteront m'attristeront par leurs récits; non, je ne puis manger, mon cher monsieur. »

Après midi, ces malheureux exilés avaient déposé sur le quai leurs bagages en piles, de vieux portemanteaux et de mauvaises malles. Ils stationnaient en groupes pour y veiller. Le soleil était brûlant, et ils s'asseyaient à l'ombre de parapluies en lambeaux qui paraissaient dater de leur exil.

Leur physionomie était empreinte d'une sorte de pieuse et douce résignation, animée à la fois par l'expression de la joie intime que le retour dans leur patrie leur faisait éprouver et le regret

(1) Trente et un d'entre eux devaient s'embarquer plus tard pour Cherbourg. (*Gazette de France* du 19 prairial an X.)

de quitter une nation, qui, dans leurs jours d'exil et de misère, les avait noblement accueillis et protégés (1).

A l'éternel honneur de ces hommes malheureux, mais parfaits, ils s'étaient montrés dignes d'être reçus dans un tel asile. Notre pays avait joui des bienfaits de leur morale irréprochable, de leurs manières douces, polies, sans prétention; partout où le sort les avait placés, ils avaient allégé par leur travail les charges que leur entretien avait imposées à la nation, en répandant la connaissance d'une langue dont l'usage était devenu général et qui, par son utilité non moins que par sa beauté, doit être regardée comme une branche importante de l'éducation.

Je n'ai pas besoin de m'excuser auprès de mes amis de l'Église établie, si je paye ici un humble

(1) Parmi les Anglais qui accueillirent le mieux les prêtres français émigrés, on cite lord Bridgewater. « Il avait élevé pour eux sur les pelouses de son parc, faisant perspective sur les fenêtres de son château, de jolies chapelles et des habitations élégantes rappelant le style des couvents de France. » Il y avait cependant une condition à cette hospitalité, c'était l'obligation pour les religieux et les prêtres, quand lord Bridgewater avait du monde à déjeuner, de se promener sur les gazons, le bréviaire à la main et chacun dans le costume de son ordre. Ils faisaient ainsi point de vue dans le paysage, et lord Bridgewater ne manquait pas de faire remarquer que cela était bien plus pittoresque que des troupeaux de moutons et de daims. (Comte D'HAUSSONVILLE, *Ma jeunesse*, p. 46, 47.)

tribut de justice aux membres du clergé français, qui honorent un culte, quelque peu différent dans la forme, mais dont le but n'est pas moins élevé et glorieux. Le libéralisme intelligent du clergé anglais s'unira à moi pour rendre à la sainteté de leur caractère un hommage que plusieurs de ses membres ont souvent exprimé en ma présence avec un enthousiasme exalté. Beaucoup de prêtres français m'ont affirmé que notre clergé leur avait rendu les plus grands services avec autant de délicatesse que de générosité.

Au milieu des groupes se trouvaient quelques femmes, épouses ou filles de marchands de Toulon qui avaient quitté leur ville, lorsque lord Hood en avait abandonné le port. La politesse et les attentions que leur témoignaient les hommes faisaient vraiment plaisir à voir. Elles étaient le résultat d'une bonne éducation, de mœurs élégantes conservant toute leur aménité au milieu d'adversités, adoucies par la sympathie que la conformité de leurs souffrances avait fait naître.

Ils avaient fini leur dîner et buvaient du café, leur breuvage favori. Pauvres exilés! L'eau était à peine brunie par les quelques grains qui leur restaient de la provision qu'ils avaient faite pour leur voyage.

Je les abordai, en leur disant que j'aurai le plaisir

de faire la traversée avec eux, sur le même vaisseau; ils me répondirent qu'ils étaient heureux d'avoir la compagnie d'un membre d'une nation qui leur serait toujours chère. Une aimable femme entre deux âges me pria de lui permettre de partager son café avec moi, avec une politesse où perçait le sentiment de la gratitude. Vers le soir, leur bagage fut examiné par les officiers de la douane, avec beaucoup d'urbanité et de largeur. Ceux qui n'avaient apporté dans notre pays que le sentiment de leurs maux ne paraissaient devoir en emporter que le souvenir de sa générosité.

A sept heures du soir, nous étions tous à bord; une brise légère nous fit descendre la rivière. Nous emportions une cargaison de légumes provenant de l'admirable marché de Southampton. En descendant dans la cabine, je fus frappé et affligé de voir un homme très âgé, couché tout de son long à terre sur des matelas et des oreillers, assisté de deux prêtres et de quelques femmes, tellement absorbés dans leurs attentions pour ce moribond qu'ils semblaient oublier leur propre gêne dans cet étroit espace, où plus de soixante personnes étaient resserrées. On m'apprit que ce personnage avait été un prêtre du Havre de grande réputation et très estimé, un prédicateur éloquent, qu'il était doué d'un esprit distingué et d'un cœur généreux, qu'il avait plus de quatre-vingt-quinze ans, qu'il espérait à peine arriver vivant dans sa patrie, mais qu'il désirait y rendre le dernier soupir.

Une nuit passée, mon compagnon et moi, sur un hamac, enveloppés dans nos manteaux, nous fit faire peu de progrès dans notre route. A dîner, une table garnie de rafraîchissements fut offerte par nous à nos compagnons de voyage, qui nous en témoignèrent très vivement leur gratitude. Le vent tomba pendant la journée, et le lendemain matin, après une nuit semblable à la précédente, on nous annonça que nous étions à une lieue du Havre.

L'aspect de la côte était une suite de hauteurs rocheuses... A l'est, sur une élévation, deux beaux phares. De grandes bandes de canards sauvages volaient à une petite distance... En entrant dans le port du Havre, nous vîmes sur le quai une foule nombreuse s'avancer vers nous. Nos pauvres compagnons de voyage furent saisis d'une panique. Le bruit et la confusion qui régnaient à terre leur fit craindre une nouvelle révolution et le retour de tous les maux qu'ils avaient fuis ; ils étaient pâles et agités, comme un troupeau de moutons à la vue d'un chien hargneux. En fait, la curiosité seule, provoquée par la vue du pavillon anglais, avait réuni cette foule... Quelques instants après, nous fûmes assaillis par une bande d'hommes et de gamins, à demi nus et en sabots, qui vociférant et « sacredieusant » sans merci commencèrent, sans autre cérémonie, à saisir tous les bagages à leur portée pour les jeter dans leurs bateaux rangés le long du navire.

Par un coup bien appliqué sur les doigts d'un de ces agents officieux, nos bagages furent préservés du même sort. Nos compagnons de route furent obligés d'aller à terre avec ces bateliers tapageurs, qui eurent l'impudence et l'inhumanité de leur faire payer deux livres par personne pour les mener au quai situé à cinquante pas environ. Dès qu'ils débarquèrent, nous fûmes charmés de voir que le peuple ne leur fit ni violence ni insulte. Un sombre silence les accueillit, et on leur fit place pour les laisser entrer dans la ville. Le pauvre vieux prêtre, qui avait survécu à la traversée, fut laissé à bord, sous la garde de deux personnes charitables, jusqu'à ce qu'il pût être débarqué avec sécurité. Nous suivîmes bientôt nos compagnons de route dans la chaloupe du capitaine, montrant ainsi à ceux qui voulaient nous extorquer de l'argent que, bien qu'Anglais, nous ne voulions pas être exploités.

En débarquant et dans les rues, l'aspect des femmes me surprit; elles portaient des corsages de gros camelot rouge, avec un tablier montant haut par devant, des bonnets avec de longues barbes flottantes, et de gros sabots sur lesquels était fixée une mauvaise houppe imitant grossièrement une rose. L'aspect et le bruit de ces sabots laissaient dans l'esprit une impression de grande pauvreté et de misère.

Elles sont pourtant plus favorisées que les femmes des derniers rangs de la société en Écosse. Une pimpante femme de chambre étant entrée un jour dans ma chambre d'auberge à Glasgow, j'entendis un bruit ressemblant à celui que fait en marchant un palmipède en train de grimper sur la vase qui borde un étang. Je regardai les pieds de cette gentille fille, et je vis qu'ils n'étaient couverts que de la boue de la grande rue...

Je ne puis m'empêcher d'observer l'aisance, la dextérité et la rapidité avec lesquels un seul homme conduisait tous nos bagages, qui étaient très lourds, à la douane, puis à l'hôtel, sur une large brouette suspendue sur deux courroies d'environ neuf pieds de long. A la douane, malgré ce que les journaux anglais ont dit de la conduite des douaniers, on nous traita très civilement, on ouvrit à peine nos malles ; quelques-unes d'entre elles même restèrent fermées. De là, nous gagnâmes l'hôtel de la Paix, situé sur le bassin à flot, et dont la façade est ornée d'un grand écriteau indiquant en lettres jaunes, comme de coutume, la supériorité de cette auberge sur toutes les autres du Havre. A l'intérieur, un grand et sale escalier nous conduisit au premier étage, dans une chambre élevée de plafond, dont toutes les fenêtres étaient ouvertes... Le sol était carrelé; une table de bois blanc, quelques chaises communes, deux très beaux miroirs garnis de chandeliers, composaient un mobilier bigarré. C'était un bon spécimen de l'intérieur des auberges françaises. Nous étions accompagnés par notre hôtesse, le porteur, deux cuisiniers avec des bonnets jadis blancs sur la tête, et de grands couteaux à la main, que remplacèrent bientôt deux femmes de chambre, tous se précipitant et se bousculant, tous parlant à la fois, avec une rapidité et un bruit qui faisait regretter de ne pas être sourd. Ils paraissaient ravis de nous voir, parlant de notre costume, de sir Sidney Smith, du blocus, des nobles Anglais, de la paix, etc. A la fin, ayant obtenu un peu de silence, il nous fut possible de leur dire de nous montrer nos chambres à coucher, de nous procurer beaucoup d'eau chaude et d'eau froide, de nous préparer un bon déjeuner aussitôt que possible, un bon dîner à quatre heures; au milieu d'un carillon de paroles, cette tapageuse procession se retira.

Après avoir procédé à des ablutions nécessaires

et avoir changé de linge, on nous servit de l'excellent café, avec du lait bouilli, des flûtes délicieuses et du beurre passable; mais il n'y avait pas de couteaux sur la table. En France, tout voyageur doit avoir le sien sur lui; ayant oublié le mien, je priai la fille de m'en apporter un. Cette demoiselle n'aurait certes pu être comparée à ces fleurs odoriférantes auxquelles les poètes égalent leurs maîtresses; aussitôt ma demande faite, elle tira de sa poche un grand couteau fermant, l'essuya sur son mouchoir, et me l'offrit en disant : « Voilà, monsieur. » Je reçus ce présent exquis avec la gratitude qu'il méritait, mais avec la résolution de ne pas m'en servir, d'autant plus que nos deux compagnons en avaient demandé d'autres. Cet instrument délicat était aussi odorant que sa maîtresse; parmi les doux parfums qui s'en exhalaient, l'ail paraissait dominer.

Nous étions partis d'Angleterre avec la conviction que les passeports étaient inutiles. Mon compagnon avait négligé d'en prendre un, de sorte qu'à la municipalité il lui fut déclaré péremptoirement qu'en vertu d'un récent décret, il était nécessaire de s'en munir et que nous ne pourrions continuer notre route que lorsque notre ambassadeur aurait certifié notre identité. Après avoir donné notre signalement, nous revenions la mine renfrognée à l'hôtel, avec la perspective d'y passer une dizaine de jours. D'après le vieil adage : « Ce qui est sans remède doit être sans regret », nous prîmes part gaiement, avec d'autres compagnons d'infortune, à un bon dîner, dont le menu consistait en soupe, viande, volaille, poisson, légume, confiture et dessert, avec du bon bourgogne et de l'excellent champagne. Après le dîner, j'allai voir un jeune homme, placé chez un très respectable négociant, qui me mit en relation avec M. de la M...

Les occupations que lui donnait un commerce très étendu n'empêchent pas cet aimable vieillard de se livrer à son goût pour les beaux-arts. Sa grande fortune lui permet de satisfaire ses instincts libéraux. Je le trouvai dans son comptoir, auquel son beau mobilier et ses tableaux donnent l'aspect d'un élégant cabinet. Je lui exposai la conduite de la municipalité à notre égard et demandai son appui. Après qu'il m'eut montré ses appartements, une belle collection de dessins et plusieurs tableaux meilleurs encore, il m'assura qu'il allait immédiatement voir le maire, qui était son ami, et que nous pourrions quitter le Havre dès le lendemain. Cette bonne nouvelle, que je portai à l'hotel sans délai, nous engagea à boire une autre bouteille de champagne à la santé de l'aimable négociant et au succès de sa démarche.

... Le lendemain, nous courûmes à la municipalité, où notre ami ayant attesté que nous étions des citoyens paisibles, et que nous n'avions pas l'intention de renverser la République, on nous délivra des passeports (1)... Nous nous rendîmes de là au bureau des diligences, pour assurer nos places dans la voiture de Rouen, qui partait le lendemain.

Nous visitâmes alors la ville, dont les rues sont longues et étroites. Les façades des maisons, qui sont élevées, sont défigurées par l'aspect lourd et maigre de leur charpente en bois qui est laissée à découvert.

Le commerce était autrefois très important; l'industrie de la dentelle y est encore florissante. Le théâtre est vaste, bien aménagé et, autant que nous avons pu en juger le jour, bien décoré. On n'y jouait pas pendant notre séjour. Sur la place du Marché, grande et populeuse, on voyait à cette époque de l'année des masses de belles pommes, aussi fraîches d'apparence que si elles venaient d'être cueillies.

Un petit mendiant en haillons nous accosta dans la rue, en nous appelant : *très charitable citoyen;* mais comme nous ne lui donnions rien, il dit immé-

(1) L'auteur consacre ici plusieurs pages à la valeur relative des monnaies anglaises et françaises.

diatement : *mon cher très charitable monsieur.*

L'expression de citoyen est généralement abandonnée, si ce n'est parmi les fonctionnaires dans leurs rapports officiels ; dans leurs relations privées, ils emploient le terme plus poli de « monsieur ».

La principale église, qui est un bel édifice, avait été rendue au culte le dimanche précédent ; ce jour-là, la cloche avait sonné pour la première fois depuis dix ans pour appeler les fidèles.

Les armoiries royales sont partout enlevées ; elles décoraient parfaitement la porte de la sous-préfecture, sur la place du Marché ; elles ont été brisées à coups de hache et remplacées par de rudes emblèmes républicains qui, au point de vue décoratif, semblent défigurer les édifices sur lesquels ils sont posés... Les quais, les digues et l'arsenal sont très beaux ; ils furent construits en même temps que les bassins destinés aux petits vaisseaux de guerre et aux navires marchands, sous les auspices de Louis XIV, qui avait un faible pour ce port.

Nous rencontrons plusieurs condamnés militaires travaillant chargés de chaînes. Ils étaient vêtus de vestes et de pantalons rouges, ce qui est regardé comme une aggravation de châtiment en ce que cette couleur est celle de leurs anciens ennemis les Anglais. Quand mon compagnon, qui portait son uniforme, passa près d'eux, ils lui ôtèrent leur bonnet avec le plus grand respect, à sa réelle mortification...

... La route qui mène au phare à deux milles du Havre est très agréable. Les fermiers usent dans ce pays d'un excellent mode d'économie rurale qui consiste, comme dans le Dorsetshire et dans quelques autres comtés, à attacher leurs troupeaux par des cordes dans un coin de pâturage, jusqu'à ce qu'ils l'aient consommé.

Sur la montagne, en montant vers les falaises, sont situés plusieurs châteaux et jardins élégants appartenant aux principaux habitants de la ville.

L'un d'eux est la résidence du préfet maritime, M. B... — Pendant que nous nous étions arrêtés à la porte pour en admirer les aspects enchanteurs, le propriétaire nous aperçut ; avec cette amabilité et cette politesse qui distinguent encore les membres des vieilles familles françaises de qualité, il nous invita à entrer et nous mena dans ses jardins, qui étaient disposés avec beaucoup de goût. Il nous introduisit ensuite dans son élégante maison, où il nous offrit des fruits secs et de l'excellent bourgogne. Il nous apprit que les fermiers, comme en Angleterre, étaient ici très rapaces, et s'étaient considérablement enrichis pendant la guerre.

L'accès au phare par une allée d'ormes est très

agréable. On y monte par un escalier en spirale.
La lanterne est composée de quatre-vingt-dix
immenses lampes à réflecteur, qui peuvent être
haussées ou baissées par une manivelle de fer. Ce
grand luminaire, entouré de plaques de verre français de premier choix, est placé sur des supports
de fer et donne une lumière prodigieuse dans les
nuits sombres. Ce système a remplacé avec avantage un fourneau de charbon dont on se servait
antérieurement. La vue dont on jouit du balcon
qui l'entoure est vraiment grandiose... La femme
qui a la garde du phare était de bonne humeur et
très causante. Elle paraissait charmée de tout nous
montrer, préférant voir des Anglais en amis dans
sa tour que de les voir au loin comme ennemis,
faisant allusion au long blocus du port par une
escadre anglaise. Elle nous fit visiter son petit muséum, comme elle l'appelait, où elle avait arrangé
très proprement une collection considérable de
fossiles, de coquillages et de pétrifications. Elle
nous montra avec beaucoup d'animation un long
boulet anglais qui, pendant le blocus, l'avait, ainsi
que son mari, pétrifiée comme ses fossiles. Ce petit
cabinet contenait son lit, où elle dormait, au milieu
de la bataille des vents et des vagues, aussi profondément qu'un *consul*.

Dans les bassins du Havre, nous vîmes plusieurs

des radeaux dont on parla tant, construits dans le but apparent ou réel de transporter des troupes d'invasion en Angleterre. Je m'attendais à voir une immense plate-forme flottante, mais ces vaisseaux ressemblaient à des bricks d'une dimension inusitée, avec deux mâts peu élevés...

Je ne puis omettre de mentionner l'admirable manière dont on construit les charrettes dans une grande partie de la France. Elles sont placées sur de très hautes roues, la charge étant répartie en équilibre, et sur un essieu où l'on attache les traits. Un marchand m'a dit qu'un cheval pouvait traîner trois mille six cents livres dans une de ces charrettes. Ces animaux ont un aspect formidable, grâce à l'étrange coutume française qui consiste à couvrir le collier d'une peau de mouton entière; ce qui leur donne l'apparence de lions portant une énorme crinière.

Notre note à l'hôtel s'éleva à quarante francs par tête, chiffre élevé pour le pays; mais nous avions fait bonne chère, et, comptant rester peu de temps, nous avions jugé inutile de faire prix d'avance, ce qui est une précaution nécessaire.

UNE DILIGENCE
D'après un dessin de sir John Carr.

CHAPITRE II

DU HAVRE A PARIS.

La diligence. — Les chevaux et le postillon. — Églises en ruine. — Bolbec. — Coiffures de Cauchoises. — Émigrés compagnons de route. — Leur opinion sur les Anglais. — Dîner à Yvetot. — Mendiants. — Anecdote sur Santerre. — Rouen. — Boulevards. — Ancienne église. — Hôtels. — L'Opéra. — Femmes vêtues « d'air tissé ». — Aspect des quais. — Cortège des autorités. — Revue d'un régiment de chasseurs. — Affiche sur le vote pour le Consulat à vie. — Cathédrale. — Église Saint-Ouen. — Hôtel de ville. — Décorations des fêtes républicaines. — École centrale. — Musée. — « C'est joli. » — Exécution sur le marché. — La guillotine. — Montagne de Sainte-Catherine. — Le général et sa trompette. — L'hôtesse. — Sa bonté d'âme. — L'amour à l'hôtel. — Anciens soldats de Marengo. — Départ pour Paris. — Déjeuner matinal à Mantes. — L'église. — Saint-Germain. — Première vue de Paris.

Au point du jour, nous étions en diligence. Toutes les voitures de ce nom semblent être le produit de la première enfance de l'art des carrossiers; on peut à peine s'imaginer une machine grossière plus étrange. En avant est attaché un cabriolet destiné à trois voyageurs, qui sont protégés contre la pluie par la couverture saillante de la voiture et par deux lourds rideaux de cuir attachés à la couverture, bien huilés et d'une odeur souvent désagréable. L'intérieur, large et élevé, peut facilement contenir quatre personnes; il est garni de cuir rembourré, et muni de petites poches où les voyageurs déposent leur pain, leur tabac, leur bonnet de nuit et leurs mouchoirs, agréablement pêle-mêle dans ces réceptacles délicats. Du plafond pend un grand filet, généralement rempli de chapeaux, d'épées et de cartons; le tout est commode, et quand tout le monde est casé, l'installation n'est nullement déplaisante.

Dehors, sur la voiture se trouve l'impériale, occupée par six ou sept personnes et une masse de bagages; le panier en est aussi rempli; il est aussi haut que la voiture, à laquelle il est rattaché par des cordes et des chaînes serrées par un gros tourniquet de fer; c'est un appendice constant à cette masse mouvante. La caisse de la voiture est suspendue sur de longues courroies de cuir attachées à de lourds morceaux de bois, en guise de ressorts. Le tout est traîné par sept chevaux : les trois premiers attelés de front, les quatre autres par paires. Leurs harnais sont de corde. L'un des trois premiers chevaux est monté par un postillon, avec ses grandes bottes qui sont toujours pompeusement placées, comme deux tubes, à droite de sa rossinante, avant qu'il l'enfourche. Cette précieuse sauvegarde de ses jambes, faite de bois et de fer, rembourrée à l'intérieur, ressemble à une paire de *portemanteaux dressés en hauteur*, dans laquelle seraient plongées ses jambes. Avec son long fouet flexible à la main, un sale bonnet de nuit et un vieux chapeau à cocarde, criant tantôt à gauche, tantôt à droite, et quelques sacredieux par-ci par-là, qui semblent toujours à propos et sont parfaitement compris, le joyeux postillon mène ses chevaux. Je ne puis manquer de rendre justice à l'art avec lequel il manie son long et lourd fouet de carrosse; avec cet instrument imposant, il peut ranimer en les frappant les muscles paresseux de celles de ses bêtes qui se ralentissent, il coupe en deux une mouche importune; il annonce, en entrant dans une ville, l'approche de son lourd et bruyant équipage. Chaque diligence a son conducteur assis sur l'impériale; il est responsable de l'installation des voyageurs et de la sécurité des bagages. On ne lui donne pour sa peine que trente sous, et quinze sous en plus pour les différents postillons qui se les partagent; ils sont reçus avec de grands saluts et beaucoup de « bien obligés », en son nom et en celui de ses camarades.

Nos chevaux étaient de race normande, petits,

forts, courts, pleins d'animation, et, à l'honneur de ceux qui les soignaient, en excellente condition. J'étais surpris de voir ces petites bêtes trotter avec notre lourde machine en faisant six à sept milles à l'heure.

La main désolante de la Révolution nous apparut, aussitôt la première montée franchie. La route traversait un charmant pays ; sur les flancs des collines, au milieu d'un paysage romantique formé de bois et de champs de blé, se dressaient des couvents en ruine et des églises de villages, sans toit, à travers les fenêtres desquelles le vent soufflait.

Nous déjeunâmes dans la petite ville de Bolbec, où l'on nous servit du café, du beurre et des petits pains excellents. Les gens de l'hôtel paraissaient propres, heureux et gais.

Bolbec est la ville principale du pays de Caux, dont les femmes se coiffent d'une manière originale et, à mon avis, disgracieuse. J'ai fait le croquis de l'une d'elles, qui venait vendre des poires dans la cour de l'hôtel. Je n'avais jamais vu auparavant un tel échafaudage de linge et de dentelles. Ayant été le matin à une noce de village, elle avait sa plus belle coiffure. Les habitants de cette province sont industrieux et riches et, par conséquent, considérés. J'ai vu plus tard, au théâtre de

Rouen, dans une des premières loges, une dame de ce pays coiffée de la sorte; sa singularité me la fit remarquer, mais elle n'excitait aucune curiosité dans l'auditoire.

Notre déjeuner nous coûta à chacun quinze sous, auxquels nous ajoutâmes deux sous pour les filles, qui nous servaient en costume cauchois complet; pour nos deux sous, elles nous envoyèrent des baisers et des saluts. Je fais connaître le prix de notre déjeuner et de nos autres dépenses pour dissiper le bruit qui court en Angleterre que cette partie de la France souffre de la famine.

De Bolbec, la route est bordée de hêtres, de noyers et de pommiers. Le jaune vif des colzas, qui couvrent beaucoup de champs de chaque côté, réjouit le regard; on en tire de l'huile et l'on nourrit les chevaux de leur pulpe.

Nous avions pour compagnons de voyage quelques-uns de nos anciens amis les émigrés; ayant quitté le costume négligé qu'ils portaient sur mer, ils avaient désormais l'air de gentilshommes; nous fûmes très heureux réciproquement de nous retrouver. Leur conversation était très intéressante; elle témoignait de sincères regrets pour les malheurs de leur pays, en même temps que de leur affection et de leur gratitude envers l'Angleterre; ils me racontèrent beaucoup de traits de courtoisie et d'humanité que mes compatriotes leur avaient prodigués dans les différentes contrées où le sort les avait conduits. L'un montrait, avec un aimable orgueil, une tabatière qu'il avait reçue à son départ comme une dernière marque d'estime, un autre un portefeuille; chacun portait quelque petit gage de son mérite, de sa bonne bonne conduite et des sentiments d'amitié qu'il avait inspirés.

L'un d'eux, l'abbé de l'H..., dont la figure expressive portait l'empreinte de la maladie dont il souffrait, termina un petit récit de quelques témoignages d'affection qu'il avait reçus, en disant sur le ton le plus émouvant : « Si nos deux pays ne sont pas amis, ce ne sera pas faute de mes prières. J'ai quitté la France sans larmes, pour sauver ma vie; mais j'avoue que j'en ai répandu beaucoup en quittant l'Angleterre... »

Nous dînâmes de bonne heure à Yvetot, misérable ville qui fut autrefois la capitale d'un royaume. On nous introduisit dans une salle qui contenait trois lits. Comme un de nos compagnons disait que nous voulions manger, et non nous coucher : « Messieurs, dit notre petit hôtelier, cette chambre est une salle à manger, et je pense qu'elle est très bien sous ce rapport... » Notre hôte était à la fois cuisinier et servait à table; lui ayant demandé de la moutarde, il me répondit solennellement : « J'en suis désolé, citoyen, mais je n'en ai pas. Si vous étiez venu ici il y a seulement trois semaines, vous en auriez eu. » Au dessert, on nous servit une espèce de gâteau appelé brioche, composé d'œufs, de farine et d'eau; et qui est très estimé en France.

C'est seulement dans cette ville que j'ai vu un spécimen de la misère et de l'importunité qu'on disait être générales dans ce pays.

... Par suite de la restauration de la religion, les mendiants, qui ont en général beaucoup de sagacité et savent tourner les circonstances à leur profit, ont appris une nouvelle manière (1) de demander de l'argent en récitant le *Pater* en français et en latin. Nous fûmes poursuivis par cette espèce de piété importune pendant un mille, après avoir quitté Yvetot...

Un officier de marine, qui monta avec nous à Yvetot, nous raconta qu'il avait rencontré quelques jours auparavant Santerre, et que ce barbare et vulgaire révolutionnaire, qui avait commandé la garde nationale auprès de l'échafaud de Louis XVI, lui avait dit, en parlant d'une tierce personne : « Je ne puis supporter cet homme; c'est un Jacobin. » Ce misérable vivait ignoré dans un village

(1) Il serait plus juste de dire : ont repris une ancienne manière...

des environs de Paris, avec un revenu modeste qu'il avait gagné dans son industrie (1)...

Après un voyage poussiéreux, à travers un pays très riche et pittoresque, nous atteignions les beaux boulevards de Rouen, vers sept heures du soir; leurs ombrages délicieux nous charmèrent; ils sont plus beaux que ceux de Paris; leurs nobles ormes, plantés en quatre rangées superbes, sont presque tous de la même hauteur. En tournant brusquement le coin d'une rue, je me trouvai soudain, à ma grande surprise, dans la nef d'une ancienne église catholique. Les portes furent fermées sur nous; en un instant nous étions passés du tumulte des rues au silence des tombeaux, à l'obscurité des cloîtres; la seule lueur qui nous éclairait traversait des fragments de vitraux peints et des fenêtres gothiques. Cette église avait été vendue par la nation aux entrepreneurs des diligences. Un cabriolet occupait la place de l'autel, et les chevaux mangeaient tranquillement leur avoine dans la sacristie.

Le prix de la diligence du Havre à Rouen était de douze livres et demie pour nous et nos bagages.

Des rues étroites, bordées de hautes maisons où s'ouvrent des boutiques tenues par des mar-

(1) Antoine-Joseph Santerre, né en 1752, général de division sous la Terreur, mort à Paris en 1809.

chands et des marchandes d'aspect respectable et joyeux, portant de jolis bouquets à leur corsage, nous conduisent à l'hôtel de l'Europe, qui nous a été recommandé au Havre. L'hôtesse, habillée à la grecque, porte d'immenses boucles d'oreilles; elle nous accueille avec beaucoup de politesse et des manières engageantes; mais sa maison est complètement pleine; elle nous offre cependant sur la rue, étroite et bruyante, une petite chambre où un tapissier mettrait deux lits pour nous. Ayant refusé, nous nous rendons dans une maison rivale, située sur l'un des boulevards, l'hôtel de Poitiers, où nous sommes reçus par une hôtesse douée d'un aimable embonpoint et qui fera, dit-elle, tout ce qu'il est possible pour nous satisfaire; elle nous offre deux chambres propres, mais carrelées, sans tapis; nous y faisons faire du feu, et nous montons bientôt sur nos lits élevés pour nous reposer.

Le lendemain, nous nous présentâmes chez madame G..., à qui nous étions recommandés. Comme il était de bonne heure, elle nous reçut dans sa chambre à coucher; c'est l'usage d'y recevoir les visites du matin en France.

A onze heures, un splendide cortège des autorités civiles et militaires se rendit à l'hôtel de la préfecture, en face de notre hôtel, pour féliciter l'archevêque de Rouen (1), qui était l'hôte du préfet jusqu'à ce que son palais fût prêt pour le recevoir...

A midi, l'heure de la parade dans toute la République, les généraux Saint-Hilaire et Ruffin (2) passèrent la revue du 20ᵉ régiment de chasseurs, qui, comme eux, s'était distingué à Marengo. Les hommes portaient des moustaches; ils étaient richement vêtus et en général bien montés... Le costume des officiers était superbe. Saint-Hilaire (3) est un jeune homme; physiquement et, dit-on, sous le rapport de l'habileté, il ressemble beaucoup à son chef et ami, le premier consul. Quelques chevaux, de taille et de couleur différentes, faisaient mauvais effet; on nous dit que beaucoup avaient péri dans la bataille et qu'on n'avait pas eu le temps de les remplacer; mais ils étaient tous forts et ardents, et manœuvraient avec une rapidité surprenante.

Au dîner, qui fut très agréable, j'étais près d'un petit abbé qui paraissait âgé, mais plein de vivacité et très considéré des personnes présentes.

(1) Étienne-Hubert de Cambacérès, archevêque de Rouen de 1802 à 1818, cardinal en 1803.

(2) François Ruffin, né à Bolbec en 1771, général de brigade à Hohenlinden, mort en 1811 prisonnier des Anglais.

(3) Louis-Vincent-Jacques Leblond de Saint-Hilaire, né en 1766, mort en 1809 à Vienne, en Autriche.

Pendant la Terreur, il avait été proscrit; Mme G. le sauva, en le cachant pendant deux ans dans différentes caves de la maison, qu'elle rendit aussi saines et confortables que possible. Il y mangeait seul et dans les transes, tandis que les soldats de la Convention, qui étaient logés dans la maison, faisaient bruyamment bombance dans la cuisine, située au-dessus de son caveau.

Après le café, qui dans ce pays succède immédiatement au dîner, nous allons voir le pont de bateaux, construit en 1626 par un moine augustin, Michel Bougeois (1).

... La vue de ce pont, sur les îles situées au pied des murs de Sainte-Catherine, est vraiment enchanteresse. Sur les quais, bien que ce fût dimanche, une foule nombreuse dansait, buvait, regardait des boutiques, jouait à la loterie; des étrangers, venant des différents pays du continent et paradant çà et là dans leurs costumes nationaux, donnaient l'idée d'une amusante mascarade. La Seine est si profonde que des vaisseaux de trois cents tonneaux sont amarrés au quai. La Bourse s'étend le long du quai en plein air et est bordée d'une belle balustrade de fer du côté de la rivière.

(1) L'auteur donne sur ce pont et sur plusieurs monuments de Rouen des détails que l'on peut trouver ailleurs et que nous n'avons pas traduits.

Sur toutes les grandes portes de la ville, on a écrit en grosses lettres : liberté, égalité, humanité, fraternité ou la mort. Les trois derniers mots ont été badigeonnés, mais sont encore faiblement visibles.

Le soir, l'Opéra français était comble (1). Les loges étaient garnies de gens distingués et de beaucoup de jolies jeunes femmes. Le théâtre est très grand, élégant, joli; les acteurs étaient bons. Je fus frappé des gestes antiques et ridicules du chef d'orchestre. Dans la loge de la municipalité, qui était au centre, se trouvaient deux belles jeunes femmes qui paraissaient appartenir à l'aristocratie du pays; elles étaient vêtues à l'antique, dans un costume si léger, si rare que je n'en avais jamais vu de pareil, avant d'avoir été à Paris. Elles ne paraissaient habillées que de bijoux et de quelque mousseline gracieusement disposée; le reste, pour me servir d'une jolie expression, semblait de « l'air tissé ». Par reconnaissance pour les charmes qu'elles étalaient, je ne pus que faire les vœux les plus ardents pour qu'elles ne reçussent pas les atteintes dangereuses de la fraîcheur de la nuit.

Rouen, dans son ensemble, est une belle ville, grande et populeuse... Beaucoup de ses belles

---

(1) Il y a deux théâtres à Rouen, dit Thornton, le théâtre des Arts et le théâtre de la République, tous deux fréquentés par le monde élégant (t. I, p. 23).

églises ont été fondées par les Anglais avant qu'ils aient quitté la Normandie. La cathédrale est un imposant et vaste monument d'architecture gothique.

... Le manque d'uniformité de ses tours produit un effet défavorable. Pendant la Révolution, cet auguste édifice fut converti en une manufacture de poudre, qui a détérioré les piliers et noirci tout l'intérieur... Le maître-autel est très beau. De grands préparatifs étaient faits pour l'intronisation de l'archevêque, qui devait avoir lieu le dimanche suivant. Il y avait peu de monde à la messe; des vieilles femmes décrépites et des enfants formaient la majorité de l'assistance; sur un tronc fixé à un pilier était écrit en grosses lettres : *Hospices. Reconnaissance et prospérité à l'homme généreux et sensible...*

Je visitai ensuite l'église Saint-Ouen, qui n'est pas si grande que la cathédrale, mais la surpasse en élégance. Ce charmant édifice a souffert également de la barbarie révolutionnaire. Ses piliers chastes et élancés ont été violés par la fumée du bois et du soufre, et dans beaucoup d'endroits présentent des trous que l'on a faits pour y attacher des forges destinées à fondre des balles.

La belle grille de cuivre doré qui entourait les fonds du chœur a été brisée et convertie en canons. La grande rosace qui est au-dessus du grand portail est très belle, et tout à fait sans égale. Les orgues dans toutes les églises sont brisées et hors d'usage... Ces orgues, placées d'ordinaire en France au-dessus du grand portail, produisent un bien meilleur effet qu'en Angleterre, où elles se trouvent entre le chœur et la nef. Saint-Ouen est maintenant ouvert au culte...

Derrière l'autel, je rencontrai le célèbre prince de Waldeck (1), qui abandonna ses vastes domaines pour se révolter un jour de bataille contre l'Empereur son maître et se joindre aux ennemis victorieux... Il était vêtu pauvrement, avec un vieux parapluie sous le bras, à peine remarqué par ses nouveaux amis. Triste mais juste exemple de la récompense due à la trahison !

Sur la place aux Veaux, où la célèbre héroïne de Lorraine, Jeanne d'Arc, fut cruellement brûlée, s'élève la statue de cette femme célèbre ; c'est une sculpture qui n'a rien de remarquable.

Parmi les affiches qui couvraient le coin d'une rue, au milieu des annonces de médecine et de charlatans, de cures merveilleuses, d'essences nouvelles, de jugements de cassation, de récompenses

---

(1) Les biographies allemandes ne parlent vers cette époque que d'un prince de Waldeck, mort en 1798 à la tête des armées portugaises.

pour découvrir des voleurs, et de spectacles, j'aperçus l'adresse de Bonaparte au peuple français sur le plébiscite en faveur du consulat à vie. A ce propos, on racontait à Paris une anecdote qui amusa beaucoup. Dans un des départements, un plaisant, ayant à répondre à la question : « Napoléon Bonaparte sera-t-il consul à vie ? » écrivit sur le registre : « Je ne peux pas le dire. » Cette plaisanterie fut connue à la Malmaison, où elle excita quelque gaieté. On a un peu parlé de la réponse négative de Carnot, mais comme elle était isolée, elle a été regardée comme inoffensive.

... L'Hôtel de ville était, avant la révolution un couvent de Bénédictins ; ils devaient y être magnifiquement logés. Les deux grands escaliers sont très beaux... En entrant dans le vestibule de la salle du conseil, qui était autrefois le réfectoire, je me crus sur la scène d'un théâtre, en y voyant réunis des bannières allégoriques, des arcs de triomphe de carton et de toile, des autels, des emblèmes de liberté et de despotisme, et toutes les décorations appropriées aux orgies frénétiques d'une fête républicaine. Dieu merci ! le tout était recouvert de poussière et de toiles d'araignées. A l'extrémité de cette belle salle s'élevait sur un piédestal la statue de la Liberté, exécutée avec art en marbre : « Regardez cette prostituée sanguinaire, me cria

M. G... en me montrant la statue. Nous avons eu des années de liberté et de sang. Grâce à Dieu! nous ne sommes plus libres aujourd'hui. » Il écrivit alors son nom sur le livre, ouvert sur une table, où les suffrages étaient consignés pour la prolongation des pouvoirs du premier consul.

... Près de là, je visitai le ci-devant couvent des Jésuites, élevé par un des magnifiques ducs de Bourbon(1). C'est un superbe édifice construit en pierre. Au centre de la cour s'élevait un arbre de la liberté qui, comme tous les arbres dédiés à cette déesse, paraissait flétri et malade... On remarque souvent que les bonnets de la liberté sont sans têtes, et les arbres de la liberté sans racines. Le peuplier a été choisi parmi tous les arbres comme emblème de la liberté, par suite d'une ressemblance fantaisiste de son nom avec celui du peuple... Ce bel édifice est aujourd'hui converti en école centrale et en musée. D'après le nombre des élèves, je dois supposer que la mode de l'ardeur de l'étude n'a pas gagné Rouen.

Le professeur de philosophie me fit montrer par un jeune homme le musée de peinture, qui est installé dans l'église des Jésuites. Le seul beau tableau qui s'y trouve est un *Christ mourant*, par Van

(1) Sans doute un prince de Condé, gouverneur de Normandie.

Dyck. Il est exquis. Comme j'exprimais mon admiration, un jeune étudiant qui était près de moi me dit : *Oui, monsieur, c'est très joli!* En France, tout ce qui frappe ou plaît est très joli. On me fit voir ensuite d'autres parties du musée, composées de grands tableaux de maîtres français; et le préjugé local est si naturel partout que l'on m'arrêta devant les œuvres des meilleurs artistes de Rouen, sur lesquels je prends la liberté de me taire.

Dans la salle des étudiants se trouvaient quelques peintures curieuses, remarquables seulement par leur antiquité, et quelques bonnes copies faites par les élèves. On me montra comme une très belle chose un tableau représentant un gros chérubin, avec une grande perruque flottante, jouant du violon devant saint François, qui, à en juger par sa physionomie sombre, semble avoir moitié moins de sens musical qu'un ours dansant.

En traversant la place du Marché, je vis conduire à l'échafaud un misérable que j'avais vu condamner le matin. Il était assis sur une charrette, en chemise, dont le collet était renversé, les bras liés derrière le dos, les cheveux coupés courts, pour qu'il n'y eût aucun obstacle au choc du couperet fatal; un prêtre était placé sur une chaise près de lui. Ce triste et pénible spectacle semblait causer peu d'émotion dans le marché, dont le trafic continuait avec son activité ordinaire; les femmes, devant leurs éventaires, qui s'étendaient jusqu'au pied de l'échafaud, ne paraissaient préoccupées, pendant la terrible cérémonie, que du souci de vendre leurs légumes le plus cher possible. Un détachement de garde nationale, quelques gamins, quelques flâneurs entouraient l'échafaud, de cinq pieds de haut, sur lequel était dressée la guillotine. Aussitôt que le condamné l'eut gravi, il fut placé, par ordre du bourreau, sur une planche faite comme un volet; il y fut attaché, puis mis à plat, et son cou fut introduit dans un cercle de fer dont la partie supérieure fut rabattue sur lui; un rideau de cuir noir recouvrit sa tête, au-dessous de laquelle un entonnoir communiquait avec un tube destiné à faire couler le sang sous l'échafaud. Le bourreau tira alors une longue et mince cordelette de fer communiquant avec la partie supérieure de l'instrument, et en un clin d'œil une lourde hache, en forme de triangle, tomba. Le bourreau et ses aides placèrent alors le corps dans un cercueil à demi rempli de son et presque entièrement taché de sang provenant des exécutions précédentes; ils y joignirent la tête qui avait été recueillie derrière le rideau dans un sac, et remirent le tout aux fossoyeurs, qui l'emportèrent au cimetière.

La rapidité de ce mode d'exécution peut seule le recommander. En Angleterre, les criminels condamnés à la potence se tordent dans les convulsions de la mort pendant une période de temps qui fait frémir... La guillotine est très préférable au sauvage supplice, autrefois en usage en France, où l'on brisait les membres du criminel pour le laisser expirer sur la roue, dans l'agonie la plus poignante (1)...

Nous avons gravi la montagne de Sainte-Catherine, en passant par l'étage supérieur d'une haute maison qui s'élève au pied de ses versants élevés. C'est le seul accès qu'elle offre du côté de la route de Paris. Du sommet le panorama est vraiment superbe; d'un côté, ce sont les méandres romantiques de la Seine, formant de petites îles plantées de peupliers; devant nous, se perdant dans l'horizon, les montagnes bleues de la basse Normandie; plus près, une étendue bigarrée de prés, de forêts, de champs et de vignes; immédiatement à nos pieds, la ville de Rouen et ses beaux faubourgs. Cette vue ravissante se développait à nos regards, d'un banc placé près d'un petit ora-

---

(1) Ici se trouvent deux récits concernant un certain gouverneur W..., et des démarches faites auprès de Robespierre par un fils pour obtenir l'élargissement de sa mère, incarcérée pendant la Terreur.

toire bâti sur le sommet de la colline, non loin du piédestal d'une croix qui avait été brisée et renversée à l'époque de la Révolution.

Comme nous nous promenions avant dîner dans la montagne, à travers un pays sauvage et montueux, de l'autre côté de Sainte-Catherine, un orage nous assaillit. En nous voyant, un curé récemment réinstallé dans son petit presbytère vint à nous avec son parapluie et nous invita à dîner. De retour à notre hôtel pour nous habiller, un agacement que nous avons déjà éprouvé vint nous prendre sur les nerfs. Je connais quelqu'un qui, dans un accès de mauvaise humeur, ne trouvait pas de meilleure vengeance que de condamner son ennemi à avoir un enfant qui passât son temps à siffler et à jouer du tambour. Il nous était réservé un sort plus lamentable. La personne qui occupait la chambre voisine de la mienne était un débutant, et un triste débutant, dans l'art de la trompette. C'était le général Ruffin, dont j'ai déjà parlé. Il tirait de ce tube de cuivre des sons qui auraient certainement fait pousser des cris d'agonie à une meute de chiens et qui étaient assez perçants pour troubler le repos des morts. Le général Ruffin, sous tous les autres rapports, était un jeune homme très poli, très tranquille, et un brave soldat; mais dans sa passion pour la musique, je crains qu'il ne se rendît pas bien compte de son talent et de l'effet produit par son instrument (1). Nous eûmes un instant l'idée de l'inviter à dîner, pour avoir un peu de répit; mais après avoir délibéré, nous estimâmes que ce serait acheter bien cher son silence que de recevoir un héros de l'armée d'Italie, comme il méritait de l'être par des hommes qui admirent la valeur même chez un ennemi; aussi fallut-il nous soumettre au mal avec cette résignation qui suit d'ordinaire l'impossibilité de se procurer un remède. Nous n'avions d'autre ressource que de demander à Mme Phillope, notre hôtesse, depuis combien de temps le général apprenait la trompette et s'il occupait tous ses loisirs à en jouer; mais Mme Phillope n'était pas très à même, quelque surprenant que ce fût, de nous instruire. Elle était sous l'influence de la perspective du bonheur d'un prochain mariage; quoique veuve et sur la frontière de sa trente-huitième année, elle attendait ce bonheur du fils mineur d'un architecte du voisinage. Dans cette heureuse disposition d'esprit, notre belle hôtesse était insensible aux sons de la trompette du général Ruffin... Mme Phillope méritait du reste le bonheur dont elle jouissait, car elle était bonne et généreuse.

(1) Le colonel Thornton eut aussi à se plaindre de la passion pour la musique du général Ruffin. (*Sporting tour*, t. I, p. 30.)

Un gentilhomme, émigré au début de la Révolution, vécut à l'étranger des débris de sa fortune, jusqu'au jour où il put rentrer avec sécurité dans sa patrie. Lorsque, dans de meilleurs jours, il venait visiter son château et ses grandes propriétés de Normandie, il descendait d'ordinaire à l'hôtel de Poitiers. Il avait des équipages splendides en rapport avec son train de vie. A son retour en France, ce gentilhomme, vieilli et malade, arriva dans un cabriolet de louage, avec sa femme et ses enfants, à la porte de Mme Phillope. Aussitôt que l'on eût dit son nom, l'hôtesse reconnaissante accourut, embrassa les enfants, en pleurant de joie; puis elle s'adressa au père, en lui exprimant l'espoir de le voir bientôt jouir chez lui de sa fortune recouvrée. « Hélas, ma bonne madame Phillope, dit le digne gentilhomme... les temps sont changés; nous ne pouvons plus faire de dépenses comme autrefois... Vous voyez que je suis franc; nous sommes fatigués, nous avons faim; donnez-nous un dîner modeste, en rapport avec notre fortune actuelle... » Mme Phillope fut si émue qu'elle sortit sans mot dire.

Aussitôt, toute la cuisine fut en ébullition; toutes les casseroles furent mises en réquisition; les chambrières furent envoyées chez les pâtissiers voisins pour acheter des gâteaux, le portier courut dans toute la ville chercher les fruits les plus beaux. En peu de temps un excellent dîner fut servi à cette famille infortunée, avec sucreries, fruits de Bourgogne. Quand M. O... demanda la note, Mme Phillope le pria de la manière la plus aimable de regarder ce dîner, sur lequel elle avait dépassé ses ordres, comme un léger témoignage du souvenir qu'elle conservait du passé, et, malgré de vives instances, elle ne voulut pas recevoir d'argent.

Cette intéressante famille fut touchée jusqu'aux larmes par cet acte spontané de générosité. Quand elle monta dans sa voiture, elle la trouva remplie de bouquets de fleurs et de toutes sortes de gâteaux pour les petits enfants. Nul doute que Mme Phillope ne se sentît plus légère ce jour-là qu'en aucun autre jour de sa vie, et peut-être trouvait-elle le souvenir de sa conduite aussi exquis pour elle que les heures où son cœur était pris par l'amour, pendant que nous avions l'honneur d'être ses hôtes.

Je ne dois pas manquer de raconter que tout l'hôtel semblait être atteint de l'heureuse maladie de sa maîtresse. Le valet de chambre du général Ruffin faisait la cour à notre femme de chambre Dorothée; le portier soupirait pour une grisette aux yeux noirs qui vendait des journaux et des gâteaux dans une échoppe en face; le garçon d'écurie se querellait sans cesse avec le chef, qui le repoussait de la cuisine, où se trouvaient tous les trésors de son âme, dans la personne de l'aide de cuisine, grosse Normande aux joues roses : l'amour et la négligence régnaient dans toute la maison. Nous sonnions, nous disions des *sacrédieu*, mais en vain; nous étions mal servis, mais qui s'en serait fâché?

Dans le cours de nos promenades, la plupart des ouvriers avec qui nous avons causé, maçons ou jardiniers, avaient pris part à la mémorable, sanglante et décisive bataille de Marengo... Leur changement de condition était digne de remarque; des hommes brûlés par le soleil du Midi, rompus à toutes les violences de la guerre, avaient repris au signal de la paix toutes les habitudes paisibles du travail et leur simplicité rustique; les uns taillaient et sculptaient les pierres; d'autres disposaient des parterres.

Après avoir passé quatre jours très agréables à Rouen, et avoir pris congé de mes amis, je m'assis dans un coin confortable de la diligence de Paris, à sept heures du soir, et le pavé ayant cessé, je m'endormis; au point du jour, l'aspect du pays était de toutes parts ravissant. La faible rougeur de l'aube jetait une douce et fraîche lumière sur le paysage à demi voilé sous la rosée.

CHAPITRE II.

A huit heures du matin, nous étions à Mantes, ville pittoresque construite sur une colline fertile, au pied de laquelle coule la Seine au milieu d'îles couvertes de peupliers. A cette heure, on nous offrit à l'hôtel un dîner consistant en soupe, viande, volaille et dessert. A la grande surprise de notre hôte, j'exprimai le désir de faire un déjeuner moins complet, et avec beaucoup de difficultés je pus me procurer du café et des flûtes.

Mes compagnons attachèrent avec beaucoup de dignité leurs serviettes à la boutonnière de leur habit et firent honneur aux bonnes choses qu'on leur servait! Quel heureux peuple! Toujours prêt à tout et à toute heure! Il n'a même pas l'idée de ce qui peut le gêner. Il sait s'arranger au milieu des difficultés; il s'accommode de tout et se trouve au niveau de toutes les circonstances. Avec quelle justesse Frédéric le Grand n'a-t-il pas dit de lui que les malheurs mêmes ne l'atteignent pas!

Après avoir payé trente sous pour mon repas, un prix qui annonçait que nous approchions de Paris, je me dirigeai vers le pont sur la Seine, qui est construit avec élégance et légèreté. Les maisons qui bordent la rivière sont jolies et dans une situation délicieuse. La principale église est un bel édifice gothique, mais elle tombe en ruine; quelques-uns de ses clochetons sont détruits et ses vitraux sont brisés. Une petite chapelle voisine, d'une grande élégance, est convertie en boucherie.

... A quelques milles de Mantes, sur les bords de la Seine, s'élève un des châteaux du duc de Sully, le fidèle et sage ministre de Henri IV (1). La maison est simple et grande; elle est entourée de jardins à l'ancienne mode. En approchant de Paris, le pays paraît très riche et très fertile. La forêt de Saint-Germain est très giboyeuse. Les avenues, longues de deux ou trois milles, viennent rayonner au centre. Elle s'étend jusqu'aux barrières de la ville, qui était riche et florissante, mais à qui les bienfaits de la Révolution ont donné un aspect de grande pauvreté et de décadence malpropre. Nous y avons changé de chevaux pour la dernière fois, et en descendant une large route pavée, bordée de grands ormes, un large panorama de dômes majestueux, de sombres tours et de clochers élevés nous annonça l'approche de la capitale. Je ne pus m'empêcher de les comparer aux édifices brumeux de Londres, sur lesquels flotte un nuage épais et triste de fumée malsaine.

(1) Le château de Rosny, qui a appartenu au duc et à la duchesse de Berri.

CHAPITRE III

Entrée à Paris. — Hôtel de Rouen. — Palais-Royal le soir. — Scène d'animation et de dissipation. — Éclairage mesquin des rues. — Restaurant élégant aux Tuileries. — Relevée de la garde consulaire. — Tambour-major et sapeurs. — Aspect d'état de siège. — Promeneurs dans le jardin. — Un trésor dans un vase. — *Romulus et Tatius*, par David. — Hôtel Perregaux. — Costumes à l'antique des femmes. — Coiffures. — Le Panthéon. — Les caveaux. — Grands chiens dans les rues.

Notre voiture s'arrête à la barrière de Normandie, la belle entrée de Paris, qui de là se présente aux yeux sous un aspect superbe. La barrière est formée de deux grands et nobles pavillons de pierre entourés de portiques et décorés de colonnes doriques. Ils sont reliés par des grilles ornées d'emblèmes républicains. Au bout d'une large avenue plantée de quatre rangées d'ormes, apparaissent les statues gigantesques de la place de la Concorde, et plus loin, les jardins et le dôme central des Tuileries, sur le sommet duquel flotte le drapeau tricolore.

Au bureau des diligences, je pris un fiacre, qui

me conduisit à l'hôtel de Rouen, où je fus reçu par la maîtresse d'hôtel, car les femmes en France s'acquittent généralement dans la maison de toutes les fonctions qui, en Angleterre, sont réservées aux hommes. On me montra un appartement agréable, composé d'une antichambre, d'une chambre à coucher et d'un cabinet de toilette, situés d'une manière charmante sur un jardin dépendant du Louvre, et pour lesquels on me demanda le prix modéré de trois francs par jour.

Vers neuf heures du soir, je me rendis au Palais-Royal, dont la principale entrée donne sur la rue Saint-Honoré, grande rue assez semblable à notre Piccadilly, mais dépourvue de ces trottoirs qui donnent la supériorité aux rues de Londres. Les plus belles boutiques de Paris, de joaillerie, d'horlogerie, de vêtements, de modes, de porcelaines, les restaurateurs occupent le fond des galeries, qui offrent une très belle promenade. Ce lieu présente un spectacle de volupté absolue qui n'a pas son égal en Europe. Les femmes comme il faut osent à peine y paraître avant midi; et un étranger peut s'imaginer, le soir, qu'il y voit un tiers des beautés de Paris.

Ce palais renferme deux théâtres, des musées de curiosités, le Tribunat, des maisons de jeu, des salles de billard, des cercles de famille, des bals, etc., dont les lustres et les lampes jettent, à travers les fenêtres ouvrant sur le jardin, des flots de brillante et joyeuse lumière sur les allées, et font l'effet d'une grande illumination. Au fond s'élevait un grand pavillon, bien éclairé, où des groupes se régalaient de limonade et de glaces. Des salles souterraines montaient des sons de musique et des bruits de conversation. Bref, je n'avais jamais vu auparavant une telle scène d'animation et de dissipation au milieu de la nuit.

En revenant à l'hôtel, je fus quelque peu surpris de voir les rues si mesquinement éclairées. Des lanternes placées à de fâcheuses distances les unes des autres, suspendues par des cordes à de hautes potences, servaient seules à guider les pas du passant attardé.

Après une bonne nuit passée sur un lit sofa, à la française, très haut, très beau et très confortable, je me rendis, rue Saint-Florentin, chez mon amie Mme H..., que j'avais connue en Angleterre, dans ma première jeunesse. Ses vastes appartements sont meublés à l'antique, selon la mode actuelle... Une statue de Voltaire, en porcelaine, occupe le milieu de son salon. Elle me recommanda un restaurant qui est un des mieux fréquentés et des plus courus de Paris. Il vient d'être construit dans le jardin des Tuileries, sous les auspices du premier consul et d'après un plan que son goût exquis a approuvé. C'est une imitation d'un des petits palais d'Herculanum ; un portique, supporté par des colonnes doriques, relie les deux larges ailes. La façade, ouvrant sur une terrasse, commande une vue superbe sur les allées et les statues du jardin. Le rez-de-chaussée est divisé en trois grandes salles communiquant par de larges arcades, et aux extrémités desquelles se dressent d'immenses glaces qui en doublent l'aspect. Au milieu, un escalier, bordé d'orangers, conduit aux salles à manger du premier étage, toutes admirablement peintes dans le style d'Herculanum et presque entièrement garnies de glaces de grand prix.

Mes belles compatriotes seront peut-être un peu surprises d'apprendre que des femmes élégantes et très comme il faut, vêtues de la manière la plus riche pour la promenade, dînent avec leurs amis dans la salle commune ; usage qui en rend l'aspect délicieux et en bannit toute impression de vulgarité. En entrant, l'on vous remet une carte bien imprimée, énumérant les plats du jour avec leurs prix.

En quittant Mme H..., j'allai voir relever la garde consulaire aux Tuileries. Environ cinq compagnies de ce beau régiment s'assemblent dans le jardin cinq minutes avant midi; précédées d'une bonne musique, elles traversent le vestibule du palais et vont s'aligner dans la cour, où un escadron de cavalerie les rejoint. Leur uniforme est bleu, avec de larges revers blancs.

La garde consulaire était quelque peu en disgrâce et ne devait pas faire le service du palais pendant quelques jours, le premier consul ayant été mécontent de quelques propos tenus par les soldats. L'infanterie était donc remplacée par un détachement d'un beau régiment de hussards. La brièveté de la parade, qui dure dix minutes, y attire peu de monde. La musique est très bonne; un instrument militaire turc, sorte de chapeau chinois, y tient lieu de triangle. Le tambour-major se fait remarquer par sa noble apparence et par la hauteur de sa taille, qui est superbe; son grand uniforme dans les grandes revues est la chose la plus splendide que j'aie jamais vue. Les sapeurs qui précèdent le régiment ont une singulière apparence ; ces hommes, d'environ six pieds de haut et d'une corpulence proportionnée, portent de grandes barbes noires, de hauts bonnets de peau d'ours, de larges tabliers de peau blanche qui leur montent presque jusqu'au menton, et d'énormes haches sur leurs épaules. Cet étrange costume semble tenir à la fois du prêtre et du guerrier. Ils ont l'air de mages militaires. Les simples soldats ont une tournure très martiale; leurs officiers ont des bottes à l'anglaise, qui n'ont rien de militaire.

Paris présente à présent l'aspect d'une ville en état de siège. Le palais consulaire ressemble à une suite de magnifiques casernes, sur les balcons et les terrasses desquels on ne voit que des soldats. Les quatre chevaux de bronze qui ont été apportés de Venise sont placés sur de hauts piédestaux, de chaque côté des portes de la grande cour. Malgré leur dimension, ils paraissent trop petits pour les vastes édifices qu'ils précédent; il en est de même des grilles que le premier consul vient de faire placer, et du drapeau tricolore qui flotte sur le dôme central.

Le jardin, qui est très beau, forme vers sept heures du soir la promenade la plus élégante et la plus fréquentée de Paris. Il est décoré d'orangers et de statues, qui sont des copies de l'antique, Bonaparte ayant fait abriter les originaux dans le musée. L'été, chaque matin, les allées sont arrosées; des sentinelles empêchent d'y entrer avec des paquets, quelque petits qu'ils soient. Les promeneurs y lisent les journaux à l'ombre des grands arbres. Les chaises sont payées un sou. Au bas des marches qui conduisent à la terrasse en face du palais sont deux immenses vases, placés à douze pieds au-dessus du sol; l'un d'eux, que l'on me montra, sauva presque toute la fortune d'un Parisien pendant la Révolution; un peu avant le 10 août, cet homme s'introduisit la nuit dans le jardin avec un sac qui contenait toutes ses valeurs, et le cacha dans le vase qui est à droite, du côté des Feuillants; après la Terreur, il avoua sa cachette au ministre de la police, et il put ainsi rentrer tranquillement en possession de son avoir.

De là, j'allai voir le célèbre tableau de David. représentant Romulus et Tatius sur le point de cesser le combat. David est regardé à juste titre comme le premier peintre de France, et cette œuvre splendide est digne de son talent... On m'a assuré de bonne source que l'empereur de Russie en avait offert un prix incroyable, mais que David, qui est très riche, n'avait point voulu le lui vendre. parce que le climat de la Russie serait nuisible aux couleurs.

M. Perregaux, le riche banquier et législateur, pour qui j'avais des lettres de recommandation, demeure rue du Mont-Blanc, où résident les principaux banquiers, et tout près de son rival, M. Récamier, dont la femme a quelque peu fait parler d'elle. L'hôtel de M. Perregaux est vraiment superbe ; ses principaux employés occupent des chambres élégamment meublées et décorées de beaux tableaux ; je fus très bien reçu, dans un beau petit cabinet orné de peintures de grande valeur. Je fus charmé de son accueil et de sa manière d'agir à mon égard.

Les banquiers de Paris sont immensément riches, et les finances du pays dépendent d'eux. M. Perregaux a su plier sous l'orage révolutionnaire, sans que son honorabilité en ait reçu aucune atteinte, et tout en augmentant sa fortune. Du temps de Robespierre, il faillit cependant être arrêté. Le marquis du Chatelet, quelques jours avant son exécution, essaya de corrompre ses gardiens en leur promettant une somme sur M. Perregaux. Les gardiens dénoncèrent celui-ci, dont les livres durent être examinés, mais il eut la présence d'esprit d'arracher la page qui contenait son compte avec M. du Chatelet. M. Perregaux est veuf ; sa fille a épousé un riche général qui est d'une grande bravoure et qui est en faveur auprès de Bonaparte.

Chez le restaurateur des Tuileries, où je dînai ce soir, il y avait quelques jolies femmes, vêtues à l'antique, d'après la mode mise en vogue par David. Ce génie extraordinaire avait voulu plier aux mêmes règles les beaux de Paris, mais ils s'y refusèrent poliment, alléguant que si M. David voulait créer un autre climat, plus chaud et moins variable, ils soumettraient la question à un comité chargé de décider en matière de mode. Les femmes, tout en étant plus délicates au point de vue de la santé que les hommes, avaient été ravies des idées de l'artiste, et, sans être plus favorisées du soleil, sans se préoccuper du froid, des maladies et de la mort, avaient adopté un costume dont l'aspect aériforme, si l'on peut s'exprimer ainsi, paraît ressembler à la vapeur de l'encens qui ondulerait autour de la beauté...

Les dames françaises se parfument tous les matins la tête avec de l'huile antique; leurs cheveux s'enroulent de côté en petites boucles qui leur tombent sur le sein; par derrière ils sont relevés en un chignon en forme de nœud, à l'imitation parfaite des bustes antiques.

∴

Pour me rendre compte de la topographie de Paris, je montai, la carte à la main, sur le dôme du Panthéon; les nuages passaient rapidement sur ma tête, et j'eus la sensation de me mouvoir dans l'air, sur le sommet d'un ballon. Comme on ne brûle pas de charbon de terre à Paris, la vue est très claire, et l'air, par conséquent, très salubre.

Le Panthéon, magnifique édifice construit par Soufflot, devait rivaliser avec Saint-Paul de Londres ; il n'y est pas parvenu, tout en étant des plus remarquables. Il sert aujourd'hui de mausolée pour les grands hommes. Sur le portique est écrit : AUX GRANDS HOMMES LA PATRIE RECONNAISSANTE. Des deux côtés de l'entrée se dressent des statues colossales, représentant les vertus propres à une république... Sur l'emplacement de l'autel s'élève une déesse de la Liberté, avec ses attributs ordinaires ; elle est en bois peint. Robespierre l'avait fait faire pour figurer dans une grande fête révolutionnaire qu'il devait donner le jour même où il périt... Sous cette immense construction sont de vastes caveaux, bien éclairés, soutenus par des colonnes doriques, destinés à servir d'abri aux morts illustres de la France. Il ne s'y trouve jusqu'à présent que deux personnages, Rousseau et Voltaire, qui reposent tranquillement l'un à côté de l'autre, dans deux tombes construites en bois et décorées de diverses inscriptions... Aux deux extrémités du monument de Rousseau, sortent deux mains portant deux torches allumées ; les inscriptions célèbrent les vertus paisibles et bienveillantes du défunt.

CHAPITRE III.

J'ai vu fréquemment dans les rues de Paris un nombre considérable de très grands chiens, à l'air féroce, entre la taille du terre-neuve et du bouledogue anglais; pendant la Terreur, ces braves et fidèles animaux ont été très utiles; ils ont, dit-on, donné l'alarme du danger, et plus d'un a sauvé, par sa fidélité, la vie et les biens de son maître.

CHAPITRE IV

Visite à Mme B... — La plus jolie femme de France. — Luxe des femmes de fournisseurs. — Ruines causées par la machine infernale. — La Seine comparée à la Tamise. — Bateaux de blanchisseuses. — Les poissardes et Bonaparte. — Bains sur la Seine. — Atelier de David. — Mobilier antique. — David et le portrait de Bonaparte. — Ses élèves. — Sa réputation. — Place de la Concorde. — Portraits de Louis XVI. — Muséum du Louvre. — « Le bouquet de Bonaparte. » — La grande galerie. — Le public. — Politique du gouvernement. — Gratuité. — Salle des antiques.

... J'ai été présenté à Mme B..., à qui le premier consul a octroyé un élégant appartement au Louvre, en faveur de son mérite et de son génie, comme en considération des pertes que lui a fait éprouver la Révolution. Elle me présenta, dans son atelier, à Mlle T..., qui était alors la beauté à la mode de Paris; on avait beaucoup parlé, dans les cercles élégants, de son portrait par David; elle copiait, avec beaucoup de goût, des modèles antiques, ce qui est généralement l'occupation du matin des femmes à la mode. C'est certainement une très jolie jeune fille; mais je pense que dans une certaine partie du Devonshire il s'en trouverait plus d'une digne d'inspirer l'admirable pinceau de David. Je l'avouai franchement à Mme B... « Ah! me dit-elle, si vous l'aviez vue il y a un mois, c'était la plus jolie femme de France. — Comment! m'écriai-je; a-t-elle été malade? — Non, répondit-elle en souriant; mais un mois, vous le savez, peut modifier de beaucoup la beauté. »

Cette remarque, je l'ai souvent faite sur la nature éphémère de la beauté juvénile. Mais les calculs de Mme B... sur sa décadence étaient dix-huit fois plus courts que les miens. La conversation vint ensuite sur les dames françaises et leur parure. La femme d'un fournisseur n'hésitera pas à payer un cachemire dix mille francs, un jupon de dentelle douze mille cinq cents francs, davantage encore pour des diamants taillés en forme de perles ou en collier. Les accès de l'appartement de Mme B... paraissent, de prime abord, assez étranges et peu confortables, mais de sales corridors et un triste escalier conduisaient à un noble salon et à des chambres splendides (1).

(1) Il n'y avait à cette époque que deux femmes artistes distinguées logées au Louvre, Mme Coster, née Anne Vallayer, et Mme Vincent, plus connue sous le nom de son premier mari, Guiard. Toutes deux avaient été membres de l'Académie de peinture. Mme Guiard, peintre de Mesdames de France, a laissé des portraits qui ne peuvent rivaliser pour le charme avec

En passant sur la place du Carrousel, je vis les ruines des maisons mutilées par l'explosion de la machine infernale. Il est aujourd'hui connu que M. Fouché était informé de la conspiration, mais que trois jours avant l'explosion il en perdit la trace; il alla supplier Bonaparte de n'aller dans aucun lieu public avant qu'il l'eût retrouvée. Celui-ci dédaigna l'avertissement pour se rendre à l'Opéra. Le cocher, à qui l'on avait donné le signalement de la machine, l'aperçut soudain à côté de lui et lança ses chevaux à toute vitesse, de sorte que l'explosion, qui ébranla les maisons au loin, n'eut lieu que lorsqu'il eut tourné le coin de la rue... Les maisons ébranlées par elle avaient longtemps offensé les regards et le goût, en obstruant les abords du Palais; Bonaparte, avec son jugement habituel, qui sait tout convertir en bien, a fait acheter les maisons atteintes; toute cette scène de ruine et de destruction disparaît rapidement, au grand avantage des dégagements du Palais.

Un jour, un Français s'extasiait sur la magnificence de la Seine, avec un sentiment de fierté nationale; il me demanda ensuite si la Tamise ressemblait à la Seine. « Mon cher monsieur, lui

---

ceux de Mme Vigée Le Brun. Malgré l'initiale employée par Carr, nous sommes portés à supposer que c'est de Mme Vincent qu'il parle.

répondis-je, il n'y a pas de comparaison à faire entre elles. » Sa figure rayonna de joie. « Très bien, dit-il, il y a une grande franchise dans le caractère anglais. » Je m'inclinai. Il était content, et moi aussi.

La Seine est étroite et très sale; ses eaux bien filtrées, après avoir passé par les fontaines, produisent un effet laxatif sur les étrangers, à qui l'on recommande de n'en point trop boire à la fois. Aucun bateau de plaisance n'en égaye le cours. Les bords sont tristement défigurés par de nombreux hangars noirs, tristes, lourds, dressés sur des bateaux à l'usage des blanchisseuses; la manière de laver de celles-ci, qui consiste à frotter le linge dans l'eau de la rivière et à le battre avec de larges morceaux de bois semblables à des raquettes, produit un bruit analogue à celui des ouvriers qui calfatent un vaisseau. C'est un abominable inconvénient, qui fait de la vue de la rivière, du pont de la Concorde, le mélange le plus complet de saleté et de beauté, de petitesse et de magnificence, qu'on ait jamais vu. Je dois dire que ces femmes bruyantes ne travaillent guère que pour les étrangers et les classes inférieures de la population. Les familles riches ne font leur lessive qu'une fois par an à la ville, et deux fois à la campagne. Leurs lingeries et leurs garde-robes sont immenses; elles occupent plusieurs pièces dans leur maison.

Le premier consul a l'intention de déloger cette race tapageuse de femelles, quand il le pourra. Leur influence dans le bas peuple ne lui permettrait pas d'agir brusquement. Pour donner une idée de l'importance que les femmes des basses classes peuvent avoir, je raconterai une petite anecdote sur Bonaparte, où il passe pour avoir déployé autant de courage que sur les champs de bataille.

Les poissardes, dont le nom seul évoque l'émotion du lecteur par les souvenirs de la Terreur qu'ils rappellent, étaient de temps immémorial dans l'usage d'envoyer des députations, avec un grand bouquet de fleurs, aux princes et aux ministres, et, depuis la Révolution, aux différents chefs de la République. A l'avènement de Bonaparte au pouvoir suprême, elles ne manquèrent pas de lui faire porter par quelques-unes d'entre elles leurs vœux et leur présent. Le premier consul les reçut d'un œil sévère; refusant leur bouquet, il leur dit durement de se retirer, et dans l'avenir de s'occuper de leurs maris, de leurs enfants, de leurs personnes et de ne plus se mêler des affaires publiques... Ces dames redoutables, si célèbres pour leur violence, se retirèrent de la présence de l'impérieux consul

LA RAVAUDEUSE
D'après une gravure du *Sporting tour*, de Thornton.

toutes confuses, et n'ont point essayé depuis ce temps de présenter leurs félicitations à aucun fonctionnaire public. Une telle rebuffade à l'égard d'une corporation aussi redoutable par son influence que les lazzaroni de Naples, aurait très probablement coûté à un roi de France sa couronne. Elle m'a été racontée par le frère d'un ministre, qui a rendu de grands services à son pays.

Près du pont de la Concorde est un bel édifice, bien orné, flottant sur l'eau, qui contient près de deux cents baignoires, pour bains chauds et froids, destinés aux hommes et aux femmes. Il est entouré d'une terrasse de bois formant une agréable promenade sur l'eau, et décorée de tous côtés d'arbustes, d'orangers et de fleurs.

Cet établissement est très agréable sous un climat qui l'été est excessivement chaud. Il y a d'autres bains publics, mais celui-ci est surtout fréquenté par les gens comme il faut, au prix modéré de trente sous (1).

J'ai visité la galerie de David. Cet artiste célèbre a amassé une immense fortune, et son ami et patron, Bonaparte, lui a permis d'occuper le pavillon d'angle du vieux palais du Louvre, d'où l'on a délogé tous les autres gens de mérite qui y résidaient

---

(1) Sur les bains à Paris, voir EYRE, p. 313, 314.

pour faire place aux collections de la Bibliothèque nationale que Bonaparte veut y déposer. Les appartements sont magnifiques et décorés dans ce goût que l'influence de sa renommée et l'élégance de son pinceau ont fait prévaloir avec tant d'autorité et de succès. Il me semblait y respirer au milieu de l'atmosphère des plus beaux temps de la Grèce. Des tuniques et des toges étaient jetées au hasard, mais avec grâce, sur des sièges antiques, au milieu de statues élégantes et de bibliothèques dans le genre ancien, disposées de manière à compléter l'illusion classique. Je trouvai David dans son jardin, peignant le fond d'un tableau, vêtu d'une sale robe de chambre et la tête couverte d'un vieux chapeau rapé. Ses yeux, noirs et pénétrants, brillent de l'éclat du génie. Ses collections de tableaux et de sculptures forment un ensemble parfait ; il dessinait en ce moment un beau portrait de Bonaparte (1). La jouissance qu'on éprouvait dans ce milieu était assombrie par la présence de David. Au milieu de ces chefs-d'œuvre d'un art qui passe pour adoucir le cœur des hommes, je voyais le juge sans remords de son souverain, le proscripteur de ses confrères, l'admi-

(1) Sans doute Bonaparte franchissant à cheval le Saint-Bernard. Voir *Louis David, son école et son temps,* par DELF-CLUZE, 1855, p. 231 à 237, et sur un autre portrait, p. 200 à 203.

rateur enthousiaste et le confident de Robespierre. Le rôle politique de David n'est que trop connu... Les grands talents de cet homme lui ont seul permis de survivre à la Révolution, qui, cela est étrange à dire, a conservé parmi ses violences le respect de la science et a protégé en général ses adeptes les plus distingués. Bonaparte, qui a beaucoup de goût, « cet instinct supérieur à l'étude, plus sûr que le raisonnement et plus rapide que la réflexion », a la plus grande admiration pour le génie de David et le consulte toujours pour placer ses tableaux et ses statues. Tous les costumes des fonctionnaires ont été dessinés par cet artiste.

David ne manque pas de partisans. Il a beaucoup d'élèves qui appartiennent à de bonnes et même à de nobles familles résidant dans diverses parties de l'Europe. On dit qu'ils lui sont très attachés, qu'ils se sont formés en une espèce de corps militaire pour lui faire au besoin une escorte d'honneur, et qu'ils ont été naguère sur le point de venger une insulte qui lui a été faite, d'une telle manière que, s'ils avaient réalisé leur dessein, leur maître aurait dû intervenir pour les sauver de l'échafaud.

Mais ni les faveurs consulaires, ni l'éclat d'un talent sans égal ne peuvent rendre leur possesseur aux douceurs de l'estime et de l'affection de la société. L'humanité a tracé sur le sable un cercle autour de lui. Il mène l'existence d'un exilé et d'un proscrit, au centre de la ville la plus riante de l'Europe. Il passe ses heures mécontentes dans l'ombre attristée d'une solitude qui n'est pas dans ses goûts, espérant effacer ses fautes par sa gloire et par l'énergie de son génie (1).

La place de la Concorde, célèbre par son étendue et la beauté de sa situation, a toujours été le théâtre des grandes fêtes de la nation aussi bien que de ses plus grandes calamités. Elle, qui ne semblait faite que pour rappeler ou provoquer les sentiments les plus généreux et les plus élégants, était destinée à devenir la boucherie des braves et des bons, le Golgotha de la guillotine. Au milieu, une grille rectangulaire oblongue enferme le lieu même où s'élevait en permanence l'instrument de mort.

On avait dressé sur cette place le modèle provisoire en bois d'un grand monument de deux cents pieds qui devait être érigé en l'honneur de Bonaparte et de la bataille de Marengo; mais, soit politique, soit modestie, il déclina ce témoignage particulier de l'admiration publique.

Ce n'est pas sans surprise qu'on remarque aux

(1) Sur David, on peut lire une curieuse lettre d'Yorke. (*Letters from France*, t. I, p. 299 à 328.)

vitrines des principales boutiques des gravures représentant le dernier roi, en costume d'apparat, avec ces mots : « Le restaurateur de la liberté », et les adieux de cet infortuné prince à sa famille, le matin de son exécution. Ce petit détail montre combien ceux qui sont à la tête de l'État ont confiance dans la force et la sécurité de leur gouvernement.

Je fus aussi surpris, un matin, d'entendre à ma fenêtre le chant joyeux de *Rule Britannia* joué sur un orgue de Barbarie par un Savoyard qui passait dans la rue. Un officier en répétait l'air après lui. Sans doute, aucun des deux ne connaissait la nationalité de ce chant, s'il appréciait le caractère vrai de sa mélodie.

Je suis allé presque tous les jours au Muséum du Louvre ou Palais des Arts. Cette inestimable collection renferme 1,030 tableaux, regardés comme les chefs-d'œuvre des maîtres anciens. C'est un trésor de l'art et du génie de l'homme, inconnu à d'autres époques et surpassant de beaucoup tous les établissements du même genre qui existent de notre temps.

La première salle, à peu près de la dimension de

notre salle d'exposition de Somerset-House, est éclairée, comme celle-ci, par le haut. Elle renferme plusieurs tableaux exquis, fruit des triomphes de Bonaparte ou qui lui ont été offerts par les souverains qui ont cultivé son alliance. Les Parisiens appellent ce salon le « bouquet de Bonaparte ». Les peintures les plus précieuses proviennent de la galerie du grand-duc de Toscane. Il serait téméraire de faire un choix parmi elles; s'il m'était permis toutefois de nommer celles qui m'ont plu davantage, je citerai l'*Ecce Homo* de Cigoli, l'*Annonciation* de Gentileschi, *la Sagesse chassant les vices*, de Mantegna, les *Noces de Cana* de Paul Véronèse, la plus grande toile que j'aie jamais vue. Les personnages assis au banquet sont en grande partie des portraits des princes de diverses nations qui régnaient de son temps.

Cette salle précède la galerie du Louvre. Il est impossible de décrire l'impression que produit une réunion aussi éclatante d'œuvres d'art et de génie. La pièce a douze cents pieds de long; elle est garnie des plus beaux tableaux des écoles française, flamande et italienne... La première partie contient les plus belles œuvres de Le Brun, la plupart sur une grande échelle; *l'Hiver* ou *le Déluge*, par Poussin, est vraiment sublime, mais mal éclairé. Il y a aussi quelques belles marines de Vernet.

Citons aussi les *Religieuses* de Philippe de Champaigne, la *Vue du chevet d'une église*, par Emmanuel de Witte, petit tableau exquis avec un effet de lumière et une perspective remarquables ; quelques-uns des chefs-d'œuvre de Wouvermans, une charmante toile de Téniers ; *la Vierge, l'Enfant Jésus, la Madeleine et saint Jérôme*, par Corrège, tableau de grande beauté et de grand prix ; quelques glorieuses compositions de Rubens. Il faudrait un volume pour tout nommer et tout décrire, et, pour leur rendre justice, il serait nécessaire que la plume égalât en mérite le pinceau de leurs auteurs.

Le musée est ouvert au public trois jours par semaine, et le reste du temps aux étudiants et aux étrangers, sur la présentation de leurs passeports. Les jours où le public est admis, on peut y voir des personnes appartenant à toutes les classes, dont le mélange n'est pas sans intérêt.

Le rude plébéien brûlé par le soleil, que les événements politiques ont pendant longtemps rendu étranger aux nobles sentiments que la religion et l'humanité inspirent, s'attendrit, les bras croisés, devant les efforts et les souffrances des hommes menacés du déluge, ou ressent une émotion religieuse devant le Sauveur crucifié.

Amuser, c'est peut-être nécessaire pour le gouvernement actuel; mais remplacer les principes d'une barbare révolution par les impressions nouvelles que peuvent produire les images les plus belles et les plus touchantes de la souffrance résignée, des vertus héroïques ou de l'élégante beauté, est-ce une tâche indigne de celui qui régit un grand peuple?

Ce musée, comme toutes les autres expositions nationales, est entièrement gratuit. Les cannes doivent être laissées à la porte, et les gardiens veillent sur les tableaux comme au maintien du bon ordre. La galerie du Louvre est malheureusement à présent mal éclairée par de longues fenêtres qui n'ouvrent que d'un côté; inconvénient auquel il sera bientôt remédié par l'établissement d'un mode d'éclairage pareil à celui du Salon carré.

La salle des Antiques, située au rez-de-chaussée, contient tous les trésors de la statuaire grecque et romaine, tels que le *Laocoon*, l'*Apollon du Belvédère* et une admirable *Diane*. La *Vénus de Médicis* n'y est point encore arrivée, mais elle est en route. Le Temple des Muses renferme des bustes admirables d'Homère et de Socrate...

CHAPITRE V

Bonaparte et le ballon du Champ de Mars. — Pronostic de Louis XVI. — Bonaparte évite la familiarité. — Jugement des Parisiens sur son compte. — Don d'une calèche à l'archevêque de Paris. — Projet abandonné de faire bénir les drapeaux du régiment consulaire. — Opinion de Bonaparte sur le costume ou « l'absence de costume » des femmes. — Sa chambre à Saint-Cloud pour lui et Mme Bonaparte. — Sécurité publique. — Questions sur Pitt. — Journaux. — Excursion à Bourg-la-Reine. — La famille O...

Une petite anecdote fait connaître le caractère hardi et audacieux de Bonaparte dans sa jeunesse. Lorsqu'il avait quinze ans et qu'il était cadet à l'École militaire de Paris, la cour et la ville étaient un jour rassemblés dans le Champ de Mars pour assister au départ d'un ballon. Bonaparte se fraya un chemin à travers la foule, et sans qu'on l'aperçût entra dans l'enceinte où se gonflait le globe de soie. Il était presque entièrement rempli de gaz et n'était plus retenu au sol que par des cordes. Le jeune cadet demanda à l'aéronaute de lui permettre de monter avec lui dans sa nacelle; celui-ci refusa tout net, par crainte que sa jeunesse ne nuisît à l'expérience. On dit que Bonaparte répliqua : « Je suis jeune, il est vrai, mais je ne crains rien sur la terre ni dans le ciel »; et il ajouta d'un ton résolu : « Voulez-vous me laisser monter? » L'aéronaute, quelque peu irrité, lui répondit sèchement : « Non, monsieur; je vous prie de vous retirer. » Là-dessus, le petit officier se mit en colère, tira son petit sabre d'ordonnance, en perça le ballon dans différents endroits et mit hors d'usage le curieux appareil construit par l'aéronaute avec autant de travail que d'art.

Paris était à peu près dépeuplé ce jour-là, pour assister à ce spectacle. Le désappointement du peuple, qui, dit-on, dépassait sept cent mille personnes (1), se manifesta violemment. Le roi voulut savoir la raison du tumulte; quand le fait lui fut raconté, le bon prince rit de bon cœur. « Sur ma parole, dit-il, ce garçon impétueux fera un brave officier. » Le pauvre roi ne se doutait guère qu'il serait le dernier de sa dynastie et qu'il parlait du chef d'une dynastie nouvelle. Le jeune coupable fut mis aux arrêts pour quatre jours (2).

Peu de temps avant mon arrivée à Paris, ce

(1) Ce chiffre est étrangement exagéré; il serait même supérieur à la population de Paris à cette époque.

(2) Les *Mémoires secrets* (t. XXV, p. 165) parlent, à la date du 2 mars 1784, d'un élève de l'école militaire qui voulut, par suite d'un pari, monter dans la nacelle d'un ballon que

grand génie, qui possède une connaissance parfaite de l'humanité et particulièrement du peuple qu'il gouverne, découvrit que les Parisiens, en se familiarisant avec sa personne, en voyant sa femme et ses frères prendre part à plusieurs de leurs divertissements, commençaient à perdre le degré de crainte et de respect, qu'il savait apprécier aussi bien qu'inspirer; aussi, peu à peu cessa-t-il de fréquenter les réunions mondaines, et devint-il aussi inaccessible aux autres qu'un empereur chinois. Ses principaux officiers et ministres suivirent la même ligne de conduite. Il résida presque toujours à la Malmaison, excepté les jours de réception, où l'on n'admit à ses audiences que les étrangers déjà présentés à la cour de leur pays, d'après

---

Blanchard devait faire partir, et qui, tirant son épée, brisa quelques-uns des accessoires du ballon et blessa Blanchard, qui n'en fit pas moins son ascension. Cet élève, d'après les *Mémoires secrets*, s'appelait Dupont et fut conduit en prison. Ce curieux incident fut reproduit par une gravure populaire, accompagné de quatre couplets en vers plus que médiocres. Nous ne citerons que le premier de ces couplets.

> Blanchard allait contre le vent
>   Voler aux étoiles;
> Mais un militaire imprudent
> Accourut en ce beau moment
>   Et cassa les ailes
>   Du bateau volant!

La collection de l'*Histoire de France*, au Cabinet des Estampes, contient un exemplaire de cette gravure, qui porte l'annotation manuscrite suivante : « Fait attribué à Bonaparte ».

l'attestation de leurs ambassadeurs. Si Bonaparte échappe aux coups d'un assassin ou aux caprices prétoriens de son armée, il pourra rendre de nouveaux services à la République, en reconstruisant l'édifice politique de la France, avec de nombreuses améliorations, au moyen de matériaux tirés de ses ruines ou empruntés aux constitutions des pays voisins...

A Paris, on ne parle pas beaucoup des qualités du premier consul, tant est vrai le vieil adage que personne n'est un héros pour son valet de chambre. Les beautés d'une statue colossale ne peuvent être appréciées qu'à distance.

Peu de temps avant mon arrivée, Bonaparte s'était rendu très populaire dans le clergé par une politesse faite avec à-propos à l'archevêque de Paris (1). Il avait donné un grand dîner à ce prélat et à plusieurs autres prêtres. Au moment de se séparer, le premier consul dit à l'archevêque qu'il serait heureux d'aller avec lui dans son carrosse voir les progrès des travaux qu'il avait prescrits pour l'appropriation du palais archiépiscopal. Le prélat s'inclina, déclarant qu'il serait très flatté de l'y conduire, mais qu'il n'avait pas de carrosse. « Comment cela se fait-il? répliqua Bonaparte gaiement.

---

(1) Jean-Baptiste de Belloi, archevêque de Paris de 1802 à 1808.

Votre voiture attend à la porte depuis une demi-heure. » Immédiatement il fit descendre le prélat, qui trouva, au bas des escaliers des Tuileries, une belle calèche avec une paire de chevaux de prix, un cocher et des laquais revêtus de la livrée que Bonaparte lui destinait; c'était un présent que le premier consul lui offrait sur sa bourse particulière. En arrivant au palais, l'archevêque fut charmé de trouver que les soins les plus minutieux et les plus libéraux avaient été pris pour assurer son confort et pour que l'aménagement fût en rapport avec sa dignité.

Le clergé semble en faveur auprès de Bonaparte. Quand il assista, le printemps dernier, à l'installation de l'archevêque de Paris à Notre-Dame, et qu'il donna au rétablissement de la religion tout l'accompagnement d'une pompe militaire, il voulut faire bénir les drapeaux de son régiment consulaire, et fit connaître son désir à ses soldats; ceux-ci lui envoyèrent une députation qui lui dit : « Nos drapeaux ont été consacrés par le sang de nos ennemis à Marengo; la bénédiction d'un prêtre ne peut les rendre plus précieux à nos yeux, ni plus entraînants sur les champs de bataille. » Bonaparte déféra prudemment à cette opinion de ses prétoriens. Cette anecdote prouve que, bien que la religion soit une chose nouvelle pour les Français, cette nouveauté a peu de charmes pour eux. J'ai souvent observé à Paris, comme dans les départements, que le dimanche ne pouvait être regardé que comme un jour de dissipation pour les amateurs de plaisir, et de profit exceptionnel pour les marchands. Il est vrai qu'à certaines fêtes, les églises sont très fréquentées; mais la curiosité et le désir de voir provoquent surtout ces réunions. Le premier consul ne paraît pas avoir beaucoup d'influence en matière religieuse; passant pour membre honoraire de toutes les religions et pour entendre avec une pieuse ponctualité la messe dans sa chapelle de la Malmaison, on devrait en conclure que le peuple, à son exemple, deviendrait un peu plus dévot.

Les désirs du chef de l'État n'ont pas été plus satisfaits sous un autre rapport; au petit nombre de dames qui sont admises dans sa société, il s'est déclaré hostile au costume ou à l'absence de costume (j'hésite entre les deux termes) que son peintre favori, David, a préconisé avec tant de succès, pour faire valoir, avec aussi peu de restriction que possible, les belles proportions des formes féminines. Mme Bonaparte, qui passe pour être aussi dévouée à son jeune mari que le régiment consulaire l'est à son jeune général, parvient à montrer son élégante personne de la manière la plus avantageuse, en adoptant un costume judicieux et gracieux qui lui permet d'éviter l'excès dans sa parure, ainsi que cette diaphanéité contestable qui enlève à l'imagination plus de la moitié de ses plaisirs. Bonaparte n'est pas indifférent, dit-on, aux affections qui font honneur au cœur qui les éprouve comme à la morale du peuple qu'il gouverne.

On sait qu'en France, dans les maisons à la mode, des chambres séparées sont destinées aux jeunes époux, et qu'après la lune de miel, elles sont rarement inoccupées. Le premier consul considère cet usage comme peu moral. Il y a quelques mois, il essaya de le battre en brèche en affectant de l'ignorer. On disposait à cette époque le palais de Saint-Cloud pour le recevoir; l'architecte lui demanda où il fallait placer sa chambre. « J'ignore ce que vous voulez dire, dit le jeune philosophe impérial; le crime seul sépare l'époux de l'épouse. Faites autant de chambres à coucher que vous voudrez, mais n'en faites qu'une pour moi et Mme Bonaparte. »

Aujourd'hui le Français travaille, circule, sort et dort tranquillement, et, ce qui est plus important pour lui, il danse en toute sécurité. On peut ajouter que ses impôts ne sont ni lourds, ni oppressifs. Partout où j'ai été reçu, le défunt ministre anglais Pitt excitait beaucoup la curiosité. On m'accablait de questions sur ce grand homme; on allait jusqu'à me demander la couleur de ses yeux, la forme de son nez, s'il portait le matin des bottes ou des souliers. On me disait que, pendant la guerre, les journaux français reproduisaient les débats de notre Parlement et les principales lignes de nos projets politiques, que recueillaient en Angleterre des gens payés par le gouvernement français, malgré la sévérité de nos lois et la vigilance des autorités. A propos de journaux, je ne puis m'empêcher de déplorer que la paix entre les deux nations ne leur ait point inspiré réciproquement des sentiments meilleurs de cordialité et de bonne humeur.

※

Dans l'après-midi d'une des belles journées de juin, Mme O... vint avec son neveu me chercher en voiture pour me conduire au château de son mari, à qui j'avais été recommandé. Une jolie route, bordée de jardins et de maisons de campagne, nous conduisit au village de Bourg-la-Reine. A l'aspect de notre voiture et de leur bienfaitrice, il sembla voir s'épanouir la figure des villageois assis en groupes pittoresques à la porte de leurs chaumières. Ce n'était pas la curiosité qui les animait, car ils avaient vu Mme O... mille et mille fois, mais la reconnaissance des nombreuses marques de bonté qu'elle leur avait données. A l'extrémité d'une jolie allée de noyers, un jeune garçon, jetant sa bêche, accourut vers nous. Je crus reconnaître en lui le sourire vif de sa mère. « Oui, me dit-elle, c'est mon petit jardinier. » Descendus à l'entrée du jardin, sous un treillage garni de jasmins et de chèvrefeuilles, apparurent deux élégantes jeunes femmes, ravies de revoir leur mère qu'elles avaient quittée depuis plusieurs heures. La maison était belle, mais simple. Le propriétaire se leva de son canapé, embrassa affectueusement sa femme et m'accueillit avec les démonstrations d'une vieille amitié. Bientôt après, un domestique, un Indien fidèle, nous apporta du madère, du bourgogne et des fruits confits. Il faisait excessivement chaud; la grande fenêtre de l'extrémité du salon était ouverte sur les jardins, qui me parurent très beaux et qui étaient remplis de rossignols chantant avec beaucoup de charme. « Ce sont mes petits musiciens, dit Mme O... Nous avons fait un marché ensemble : je pourvois à leur nourriture, et ils me font cette agréable musique tous les soirs. »

M. O... était infirme; la Révolution, des persécutions et un pénible éloignement de sa patrie avaient altéré sa santé. Il avait cependant la bonne fortune d'être le mari d'une des femmes les plus belles et les plus aimables de France et le chef d'une famille accomplie. Sa fortune avait été splendide; elle était encore raisonnable, mais il avait été exposé à la perdre en entier. Il m'exprima le regret de ne pouvoir m'accueillir à Paris, comme il le désirait, mais il me dit qu'il me donnerait des lettres d'introduction auprès de quelques-uns de ses amis, qui sauraient le suppléer. Cet aimable gentleman avait une physionomie de génie et l'esprit plein d'intelligence (1)...

Le lendemain matin, le déjeuner eut lieu dans le salon, admirablement situé et donnant sur un bosquet d'arbustes d'Amérique. Sa plus jeune fille, une charmante enfant de cinq ans, entra précipitamment avec une paire de pigeons ramiers apprivoisés. Dans sa hâte de les apporter à son père, elle les avait trop pressés dans ses mains, et celui-ci lui dit doucement qu'il était cruel de serrer ainsi ses petits favoris, d'autant plus que c'étaient des oiseaux remarquables par leur innocence. La petite fille fondit en larmes. « Pourquoi pleures-tu, ma petite Henriette? » dit le père en embrassant son front et en la pressant contre lui. Elle lui

---

(1) Nous omettons les souvenirs personnels de M. O... sur la Terreur, que John Carr a recueillis.

répondit employant une de ces charmantes expressions dont les enfants français usent de bonne heure et qui rendent plus tard leur conversation si captivante.

Pendant le repas, il survint un incident qui égaya tout le monde et me montra un spécimen du talent des paysans français pour plaisanter. Le jardinier apporta les journaux et les lettres du jour. L'une d'elles avait été ouverte et devait avoir été reçue fermée la veille. M. O... parut très mécontent et rappela le jardinier pour lui demander des explications. Celui-ci, la figure joyeuse, salua et, sans paraître le moins du monde déconcerté, raconta que la laitière était très jolie, qu'elle avait beaucoup d'adorateurs, qu'elle était très coquette et qu'elle recevait un grand nombre de billets doux. Son éducation étant inférieure à ses charmes, elle ne pouvait pas comprendre sans l'assistance du groom Nicolas, qui était son confident et son secrétaire. La veille, le jardinier lui avait donné la lettre en question pour la porter à son maître; mais, par une distraction naturelle à celles que les tendres passions dominent, elle la crut pour elle et la mit dans son corsage, d'où elle la laissa tomber dans le lait; et ce ne fut qu'après l'avoir fait sécher devant le feu que son confident lui déclara que c'était une lettre d'affaire adressée à son maître; le groom et la laitière en furent confondus, et depuis ce temps la cuisine avait perdu toute sa gaieté. Aucun avocat n'aurait pu mieux plaider. Toute la famille, depuis le père jusqu'à la petite Henriette, dont les yeux n'étaient pas encore secs, n'avait pas cessé de rire. Le jardinier, qui partageait l'hilarité qu'il avait excitée, fut chargé par son aimable maître de dire à l'infortunée laitière que l'amour excusait les dommages qu'il causait, et qu'il lui pardonnait; mais, pour éviter pareil accident à l'avenir, il défendit au jardinier de lui confier désormais ses lettres. Le rustique orateur salua avec grâce et nous laissa finir notre déjeuner avec plus de bonne humeur que jamais.

Avant de sortir de table, une petite vieille dame contrefaite survint. La Révolution avait fait dégénérer sa religion en une superstition sombre et troublée; à peine était-elle assise, qu'elle parla avec volubilité du changement des temps et des dégâts que les gelées extraordinaires avaient causées aux vignobles; ce qui, affirmait-elle, était un châtiment du Ciel à l'égard de la République, qui souffrait que les femmes de Paris fussent si peu vêtues. M. O... l'écouta patiemment jusqu'au bout; il lui répondit alors que les vues de la Providence sont impénétrables, que l'homme ne pouvait en tirer de conséquences, et qu'en tout cas il ne lui semblait pas qu'un défaut, fait surtout pour allumer des sentiments tendres, pût être logiquement châtié par une punition d'un effet contraire ; il ajouta qu'il ne serait pas conforme aux lois de l'éternelle équité d'essayer de faire habiller les femmes en dépouillant la terre de ses récoltes... Ici la vieille dame ne put s'empêcher de sourire. Son adversaire poursuivit les avantages que sa plaisanterie lui avait donnés en disant que depuis longtemps les pronostics ne se vérifiaient pas, et que les anciens augures, à la suite de leurs déconvenues, ne pouvaient s'empêcher de rire en se rencontrant. Mme V... rit aussi. M. O... lui dit d'un air de bonne humeur que certainement elle n'aurait pas ri, en sa qualité de devineresse, si elle n'avait pas eu l'intention de renoncer à cette profession. Avant de prendre congé de mon hôte, et en nous promenant dans le jardin, la conversation tomba sur le génie extraordinaire et le caractère du premier consul, supérieurs à ceux de tous les rois de France.

Il me dit qu'il avait l'honneur de le connaître intimement depuis sa jeunesse et fit le plus grand éloge de son habileté et des grands services qu'il avait rendus à la France. Il me rapporta aussi quelques anecdotes agréables sur Talleyrand, qui en Amérique avait vécu avec lui pendant quelque temps sous le même toit (1).

Bientôt un cabriolet allait m'emmener loin de ce petit paradis, où résidait une des plus charmantes familles de la République. En me serrant la main, et en plaçant celle de sa petite Henriette dans l'autre, une larme d'amitié roula sur la joue de son excellent chef; elle semblait exprimer que nous ne nous rencontrerions plus jamais de ce côté-ci du tombeau.

(1) Talleyrand séjourna en Amérique de 1794 à 1796.

CHAPITRE VI

Mme Récamier. — Anecdotes. — Sa correspondance. — Sa chambre. — Sa toilette et l'empereur de Russie. — Tivoli. — Ses bosquets. — La valse. — Fête le soir. — Frascati. — Beaux salons. — Glaces et café. — Terrasse sur le boulevard. — Trois mille femmes. — Couvent anglais des sœurs bleues. — Mmes de Biron. — Palais de justice. — Gobelins. — Jardin des plantes. — Tondeurs de chiens sur le pont Neuf. — Décrotteurs du Palais-Royal. — Chez un ancien fermier général. — Ses filles. — Charme de son hospitalité.

A mon retour à Paris, je me rendis à l'hôtel de M. R(écamier). La curiosité me portait à visiter son habitation, et la célèbre chambre à coucher de sa femme, alors à Londres.

Les petites vanités et les excentricités de cette femme élégante, aimable et hospitalière, seront certainement excusées, quand on saura qu'elle est très jeune et qu'elle fut mariée à l'âge de quatorze ans. C'est une des plus enthousiastes admiratrices de David, et elle a poussé la rage du déshabillé grec à un tel point que personne, même à Paris, n'a osé la prendre pour modèle.

Un soir, aux Champs-Élysées, elle apparut dans une robe à peu près semblable à celle du Paradis; les Parisiens, qui se distinguent par leur politesse à l'égard des femmes plutôt que par leurs scrupules de froideur, expulsèrent l'Ève moderne des Champs-Élysées, non avec une épée flamboyante, mais avec des sifflets discrets et des marques adoucies de blâme poli. Dans ses réceptions, elle avait l'habitude de dire à ses amis que son cabinet était rempli de lettres d'amour enflammé, émanant d'hommes supérieurs par leur renommée, leur distinction ou leur richesse; quand la conversation languissait, elle donnait lecture avec des accents pathétiques de quelques-unes de ces touchantes épîtres, et ne manquait jamais d'exprimer la plus tendre pitié pour les souffrances de leurs auteurs infortunés. Elle a déclaré que quelques-uns de ses adorateurs égalaient en beauté l'Apollon du Belvédère, mais qu'elle n'avait pas encore rencontré un être assez parfait pour avoir droit à son affection. Ne souriez pas. Mme Récamier est une disciple de Diane; la médisance rend elle-même hommage à sa chasteté, et l'on murmure, dans tous les coins de Paris, que son époux a seulement l'honneur de pourvoir aux dépenses de sa splendide et coûteuse installation.

Sa chambre, qui est une des curiosités de Paris,

est disposée dans un style plein de goût et de magnificence. Le lit, sur lequel cette charmante *statue* repose, est un superbe sofa placé sur une estrade, où l'on accède par des escaliers de bois de cèdre. De chaque côté s'élèvent des autels surmontés de vases de fleurs dans le style d'Herculanum, et d'une grande lampe antique d'or; le fond du lit est garni d'une immense glace, et les rideaux de la mousseline la plus fine, festonnés de glands d'or, descendent en draperies gracieuses d'une couronne de fleurs en or (1). On dit que le dernier empereur de Russie, après les heureuses intrigues diplomatiques de Talleyrand, de Sieyès, et d'une certaine dame, s'éprit, par ouï-dire, de la déesse immaculée de la rue du Mont-Blanc, et qu'il envoya un émissaire confidentiel à Paris pour lui faire connaître sa toilette quotidienne et la faire copier; on peut en croire l'histoire, puisque son héros méritait d'être mis dans un des plus profonds cabanons d'une maison de fous (2)...

M. Récamier est très poli pour les Anglais, et ses lettres ont le plus grand crédit partout où elles sont présentées.

(1) Voir sur l'hôtel et la chambre à coucher de Mme Récamier : *Un hiver à Paris*, par REICHARDT, p. 96 à 102.
(2) Il s'agit ici de Paul Ier, dont la folie a été contestée de nos jours. (Voir *Journal des Débats* du 10 décembre 1897.)

De la rue du Mont-Blanc, j'allai à l'hôtel de Caraman, résidence de l'ambassadeur d'Angleterre, pour qui j'avais des lettres d'introduction et qui me reçut avec grande politesse. Ses appartements étaient beaux et donnaient sur de jolis jardins. Les Anglais lui reprochaient de ne pas avoir célébré le jour de naissance de son souverain par un grand festin. Le fait est que M. Merry, qui, par le départ soudain de M. Jackson, était devenu ambassadeur d'une manière inattendue, attendait toujours l'arrivée de lord Whitworth, à qui il devait céder sa place, et que pour cette raison il ne déployait pas cette splendide hospitalité qui a toujours distingué les ambassades anglaises.

*
* *

Un dimanche soir, je me rendis avec des amis à Tivoli, lieu de plaisir favori des Parisiens. A la porte, comme à tous les spectacles, se trouvent des soldats à pied et à cheval. Le prix d'entrée est de vingt sous. La soirée était très belle, et des masses de gens affluaient vers Tivoli, parmi lesquels étaient beaucoup de femmes élégantes et bien mises, sans cavaliers, ce qui n'est pas rare à Paris. Tivoli semble créé par la baguette magique d'un enchanteur; des allées sablées, traversant des massifs décorés de buis, sont dominées sur les côtés par des orangers disposés en colonnade; plus loin, c'est un élégant berceau de chèvrefeuille, de roses et d'églantiers; lorsqu'on en sort, toute une fête se déploie aux yeux : d'un côté, ce sont des danseurs de corde, des gens courant la bague, des groupes jouant au volant, qui paraît le délassement favori et j'ajouterai le plus ridicule; de l'autre côté, des danseurs, des sauteurs, des saltimbanques et des spectateurs, tous joyeux, assis sous de petits berceaux, prenant de la limonade ou des glaces. Au milieu, trois cents personnes environ dansaient la valse à la mode, importée d'Allemagne (1). Les attitudes de cette danse sont très gracieuses, mais ne s'accommoderaient pas avec la réserve des femmes anglaises. Dans un bal élégant, la maîtresse de maison pria un jeune homme de faire valser une de ses amies, qui restait sur sa chaise. Cette beauté négligée était quelque peu maigre. Le galant s'excusa sans le moindre embarras, en disant : « Ah! ma chère madame, qu'exigez-vous de moi? Ne savez-vous point qu'elle n'a point de sein (2)? » Au milieu de la plate-forme réservée

(1) La valse remonterait en France au règne de Henri III, et Thoinau Arbeau l'aurait décrite. Elle se dansait en 1770 chez Ruggieri et au Wauxhall. (L'*Intermédiaire des chercheurs*, mars et septembre 1894.)

(2) Cette phrase est en français.

aux danseurs jouait un excellent orchestre. Auprès de cette sorte de théâtre, sous le large abri d'une marquise brillamment illuminée de lampes de couleur, beaucoup de personnes étaient assises, causant, jouant à la bouillotte, buvant du café, etc.; derrière s'élevait un noble temple corinthien, dont les portes aboutissaient à des allées de treillages qui conduisaient à de grands jardins, dans le goût anglais, français et hollandais, noms sous lesquels ils étaient désignés. Ces jardins étaient arrosés par de petits cours d'eau, sur lesquels quelques personnes s'amusaient à canoter. Le tout était éclairé par des lampes brevetées à réflecteur, dont l'éclat était aussi brillant que celui du jour. On y voyait peu d'Anglais; la duchesse de Cumberland et quelques autres dames étaient du nombre. Avant la Révolution, ces jardins appartenaient à un riche ministre (1) qui dépensa près de 2,500,000 livres pour leur donner la perfection qu'ils venaient d'atteindre, lorsqu'il fut envoyé à l'échafaud. La nation en devint propriétaire et les vendit fort cher aux présents possesseurs.

De Tivoli, nous sommes allés à Frascati, où se réunit d'ordinaire, à dix heures, après la sortie de

(1) C'est Boutin, un des trésoriers généraux de la marine, qui créa ces jardins, sur l'emplacement duquel a été percée la rue de Londres.

l'Opéra, le monde élégant de Paris. On n'y paye pas de prix d'entrée, mais tout étrange que cela puisse paraître, aucune personne mal élevée ne s'y introduit, sans doute par suite du respect que la bonne société inspire à la mauvaise. Frascati est situé sur le boulevard des Italiens; c'était autrefois la demeure d'un riche noble qui, lui aussi, a été victime des confiscations révolutionnaires. Les rues qui y conduisaient étaient remplies de voitures. Un escalier mène à un beau vestibule, et de là à une salle entourée de glaces et décorée de festons de fleurs artificielles. A l'extrémité s'élève une belle statue de la Vénus de Médicis. Auprès de cette statue s'ouvre une arcade donnant accès à une suite de six magnifiques pièces superbement dorées, garnies également de glaces et de lustres de cristal taillé en diamants, qui brillaient comme autant de petites cascades étincelantes. Chaque chambre était comme un foyer de lumière; l'on y prenait des glaces ou du café. On communiquait d'une pièce à l'autre par des arcades ou des portes à deux battants ornées de glaces. Le jardin, petit, mais disposé avec art, se compose de trois allées bordées d'orangers, d'acacias et de vases de roses; à l'extrémité s'élèvent une tour dressée sur un rocher, des temples et des ponts rustiques; de chaque côté, de petits berceaux en labyrinthe.

Une terrasse s'étend le long du boulevard, dont elle commande l'aspect; elle est bordée de beaux vases de fleurs et se termine à chaque extrémité par des sortes d'avenues décorées de miroirs. Là, dans le cours d'une heure, l'étranger, partagé entre la surprise et l'admiration, peut voir près de trois mille femmes les plus belles et les plus distinguées de Paris, dont les joues ne sont plus désormais défigurées sous les ravages du rouge, et qui, par l'harmonie et la grâce de leur extérieur, le porteraient à croire que les plus aimables figures de la Grèce, dans son époque la plus brillante, revivent et se meuvent devant ses yeux.

Le couvent anglais, ou, comme on l'appelle, le couvent des Sœurs bleues de la rue Saint-Victor, est le seul établissement de ce genre qui ait survécu à la Révolution et traversé la République (1).

(1) Il y avait, avant la Révolution, trois couvents de filles anglaises, le premier situé rue Saint-Victor, le second, au champ de l'Alouette, faubourg Saint-Marcel, le troisième, rue de Charenton. (Thiéry, t. II, p. 167.) John Eyre visita en 1802 le couvent de la rue des Fossés-Saint-Victor. Suivant lui, les religieuses y étaient même restées pendant la Terreur, comme prisonnières. Le Directoire avait mis en vente leur couvent, et ordonné leur dispersion; mais Bonaparte survint et les maintint en possession des bâtiments où elles demeuraient. Elles étaient au nombre de quarante en 1802, mais

J'ignore à quelle cause il a dû cette protection excessive; il a pourtant beaucoup souffert. Pendant la Terreur, il fut converti en prison pour les femmes nobles... J'avais une lettre d'introduction pour l'une des Sœurs, Mme S..., qui appartient à une famille anglaise distinguée; sa figure triste et amaigrie semblait porter le reflet des scènes d'horreur dont elle avait été témoin. Parmi les victimes de cette époque était la jeune et belle duchesse de Biron; sa belle-mère était emprisonnée avec elle, et lorsque les pourvoyeurs du bourreau vinrent appeler, pour la conduire à l'échafaud, la citoyenne Biron, on ne sut laquelle des deux était ainsi désignée. Les chiens d'enfer les emmenèrent toutes deux, et, pour se tirer d'embarras, le greffier se contenta d'écrire le mot « les » devant le mot *Biron*, et la belle-mère et la fille furent guillotinées immédiatement (1).

Mme S... me conduisit à la chapelle, dévastée

elles n'étaient pas autorisées à porter l'habit de l'ordre des chanoinesses de Saint-Augustin, auquel elles appartenaient. Eyre vit parmi elles la sœur de Mme Fitz Herbert, à qui il fut présenté. (*Observations made at Paris*, p. 268 à 271.)

(1) Amélie de Boufflers, veuve du duc de Biron, âgée de quarante-huit ans, fut condamnée à mort le 27 juin 1794, en même temps que la maréchale de Biron, âgée de soixante et onze ans. Fouquier Tinville n'en avait assigné qu'une, mais, étant embarrassé de choisir, il les envoya en même temps au tribunal et à la mort. (WALLON, *Hist. du tribunal révolutionnaire*, t. IV, p. 335.)

par les mains impies des révolutionnaires. Son aspect me causa un sentiment de surprise et d'horreur. Les fenêtres étaient enlevées, les draperies flottaient au vent, l'autel était en pièces et renversé, le dallage était défoncé et les caveaux funéraires effondrés. Les restes des morts avaient été exhumés et dressés en monceaux contre les murs, pour convertir en balles le plomb qui les renfermait. Les jardins, autrefois très agréables, n'étaient plus entretenus. Plusieurs Sœurs lisaient, assises sous des berceaux de verdure, tandis que d'autres se promenaient à l'ombre des avenues tristes et négligées. L'aspect général était affligeant. Madame S... me dit que Bonaparte avait l'intention d'assurer à ces Sœurs, par un acte officiel, la propriété de leur résidence actuelle.

Le Palais de justice est surtout remarquable par l'excellent aménagement, qu'on rencontre partout en France dans les édifices consacrés à l'exercice de la justice.

La salle de la Cour de cassation est très belle. Les juges, comme les avocats, portent d'élégants costumes; ils sont assis sur des sièges dessinés d'après des modèles romains, et l'ensemble produit un bon effet. On m'a dit que le tout avait été dessiné par David.

La seconde Bibliothèque nationale (1) contient une salle très noble et très grande; elle renferme une précieuse collection de livres; plusieurs étudiants travaillaient en silence et avec beaucoup de tenue, assis autour de larges tables. Dans une des pièces se trouvent sous verre un très grand et très ingénieux plan de Rome et le modèle d'une frégate.

Il y a chaque jour, à la manufacture des Gobelins, une grande affluence de visiteurs. De beaux et rares spécimens de ses tapisseries sont suspendus le long des galeries; ce sont d'exquises copies de tableaux d'histoire. Les artistes travaillent derrière le métier. Cet établissement national est très coûteux; la plupart de ses produits sont offerts en présents aux princes étrangers; quelques-uns sont vendus au public.

Le Jardin des plantes est regardé comme le plus grand et le plus remarquable de l'Europe par ses collections de botanique; il a été fondé par le célèbre Buffon. De belles allées le parcourent, et ses parterres contiennent les plantes les plus rares de toutes les parties du monde, avec des étiquettes à

(1) La bibliothèque Sainte-Geneviève.

l'usage des étudiants. A droite de l'entrée est une enceinte contenant toutes sortes de bêtes sauvages ; à gauche, de vastes serres chaudes et tempérées ; au centre, une grille entoure un grand bassin destiné aux animaux aquatiques étrangers, près duquel est une grande ruche octogonale de dix pieds de haut environ, qui sert aux expériences. A l'extrémité, près des bords de la Seine, s'étend une belle ménagerie, où se trouvent plusieurs nobles lions au milieu d'autres bêtes. Beaucoup d'animaux ont des logements et des promenoirs séparés. Non loin de là est le parc de l'éléphant, assez vaste pour permettre de voir avec avantage cet étonnant animal, qui passe pour un des plus grands qui soient en Europe. Près de l'entrée, à droite, s'élève le Muséum d'histoire naturelle, dont les précieuses collections sont admirablement arrangées. Il renferme une girafe empaillée d'une hauteur surprenante.

Sur le pont Neuf sont beaucoup de petites échoppes, élevées sur des perches, dont les occupants possèdent des talents extraordinaires pour tondre les chiens et les chats ; je ne pus m'empêcher de m'arrêter et de rire de bon cœur en lisant l'enseigne suivante de l'un de ces industriels d'un genre particulier :

CHAPITRE VI.

Morrin tond et coupe
Les chiens, les chats
Et sa femme
Vat en ville.

Un de mes amis m'initia à un mode de toilette qui me prouva combien, dans les choses les moins importantes, les Français sont expéditifs et ingénieux. Il me fit entrer dans une petite boutique de décrotteur au Palais-Royal. Immédiatement, on me fit monter par plusieurs marches sur une sale banquette, d'où j'avais une vue complète du concours de monde qui ne cesse de circuler dans ce lieu de flânerie. On me mit dans la main le journal du jour, attaché après une planchette de bois; chacun de mes pieds fut placé sur une petite enclume de fer, un homme enleva vivement la boue, l'autre posa du cirage brillant, un troisième brossa mes habits, un quatrième me présenta une cuvette et un essuie-main. Toutes ces opérations ne durèrent pas quatre minutes. Mes sales valets me firent de grands saluts pour quatre sous, somme qui, toute minime qu'elle fût, dépassait trois fois leur attente.

J'ai passé beaucoup d'heures heureuses dans le salon hospitalier de M. S..., au milieu de sa belle famille, aussi aimable qu'accomplie, dans le cercle choisi de la société élégante et éclairée qu'il recevait. M. S... appartenait à une famille noble ; avant la Révolution, il était fermier général et possédait une grande fortune. Dans l'exercice de sa charge, il avait su se concilier l'affection de tous, et, quand il fut emprisonné et sur le point d'être envoyé à l'échafaud, il se trouva qu'un de ses juges plaida chaleureusement sa cause et parvint à le soustraire à la mort. M. S... avait soixante-huit ans ; mais il paraissait avoir conservé la vivacité et la santé de la jeunesse ; sa femme était une femme très aimable et distinguée ; son fils et ses trois filles étaient remarquables par leur beauté et leurs talents ; l'aînée, Mme E..., excellait dans la musique ; la seconde, Mme B..., dans la poésie et les classiques ; la plus jeune, Mlle Delphine, dans le dessin et le chant.

M. S... avait été assez heureux pour sauver du naufrage une part considérable de son ancienne fortune. Il en avait été de même, en général, de tous ceux qui avaient eu la fermeté et la constance de ne pas chercher leur salut dans la fuite. La renommée de probité, de capacité et d'expérience que s'était acquise M. S... avait porté le premier consul à le mettre à la tête des finances de l'État, qu'il administrait de la manière la plus avantageuse pour le gouvernement (1). Nous avions cou-

---

(1) Nous n'avons pu découvrir quelles fonctions remplis-

tume de jouir de la fraîcheur du soir, des plaisirs de danses improvisées et des sons d'une musique enchanteresse, au milieu d'un des cercles les plus charmants de Paris. Sur une belle terrasse, qui communiquait avec le salon et commandait la vue de tout ce que le boulevard des Italiens avait de plus gai et de plus brillant. Tous les partis se donnaient rendez-vous dans cet heureux séjour. Ceux que la fureur politique avait divisés se rencontraient dans un entretien amical. J'ai vu dans la même salle le républicain vainqueur causer avec le général vendéen qui s'était soumis au gouvernement. L'épée n'était pas seulement déposée, elle était cachée sous les fleurs. Plaire, se plaire, charmer, s'éclairer par le commerce de l'esprit, de la politesse, du talent, des connaissances acquises, semblait la seule occupation digne des esprits généreux qui composaient cette charmante société. Le souvenir des heures que j'ai passées dans ce salon charmera mon esprit, tant que la faculté de la mémoire me restera et que l'honneur, l'hospitalité, le génie, la beauté, la vertu et l'élégance conserveront leur attrait.

sait M. S... et s'il avait été réellement fermier général avant la Révolution. Le ministre des finances Gaudin et les principaux chefs de service Mollien, Defermon, Duchâtel, étaient beaucoup plus jeunes que lui.

CHAPITRE VII

Le Corps législatif. — Salle des séances. — Goût pour les décorations. — Costumes. — Le capitaine Bergeret. — Le Temple. — Le bonnet rouge. — Récit de l'évasion de sir Sidney Smith. — L'alphabet mystérieux. — Le colonel Phélippeaux. — Poème en prose sur le *Génie du christianisme*. — Opinion sur cet ouvrage. — Le physicien Charles au Louvre. — Ses collections. — L'amour électrisé. — Illusions d'optique. — Physionomie de Charles. — Saint-Roch. — Les Invalides. — Drapeaux étrangers. — Décoration de l'église. — Tombeau de Turenne. — Hospice militaire. — Bonaparte le visite. — École militaire. — Jardin de Monceaux. — Charmante soirée. — Duos en italien. — Comment l'on monte le fourrage à Paris.

En entrant un matin dans la grande cour de la salle du Corps législatif, je fus arrêté par une sentinelle; lorsque je lui eus dit que j'étais Anglais, elle s'excusa, me laissa passer et appela un des gardiens pour me montrer les appartements.

Ce magnifique édifice était autrefois le Palais-Bourbon. Une suite de pièces splendides me conduisit, à travers une longue porte, à la salle dans laquelle se réunissent les législateurs. Elle est semi-circulaire, et ressemble beaucoup dans sa disposition à un superbe théâtre où le rideau est baissé. Un escalier de marbre blanc conduit au fauteuil du président; la face du bureau est formée des marbres les plus précieux, sculptés avec soin; de chaque côté du siège du président sont les sièges des secrétaires; au-dessous s'élève la tribune. Des niches placées au-dessus du bureau abritent des statues antiques de citoyens et d'orateurs célèbres; sous la tribune, au centre du parquet, se dresse l'autel de la Patrie, sur lequel le livre de la Loi, reposant sur des branches d'olivier, est sculpté en marbre. Derrière, dans l'hémicycle, siègent les législateurs, tandis que plus en arrière des tribunes entrecoupées de colonnes corinthiennes reçoivent le public. La corniche supérieure est ornée d'un feston de draperies de couleur lilas, qui ont pour but d'amortir la vibration de la voix. Le tout, vraiment superbe, a coûté à la nation des sommes considérables. Le principal gardien m'a demandé si « nos orateurs parlaient dans une aussi belle salle »; je lui répondis que « nous avions de très grands orateurs en Angleterre, mais qu'une petite salle leur suffisait ». Il se mit à rire, et observa « que les Français ne parlaient jamais mieux que lorsque leur vue était satisfaite ».

... Les Français sont étonnamment épris de décorations et d'effets de scène. Leur première préoccupation après chaque changement politique pendant la Révolution était le costume d'apparat de la nouvelle marionnette qui, jouant pour un moment le premier rôle, « exécutait sous la voûte du ciel ses tours fantastiques ».

... Des deux côtés de l'arcade qui mène au vestibule du Corps législatif sont exposés des modèles des billets d'entrée, élégamment gravés. Non loin de là, une longue galerie, qui donne accès aux cabinets de toilette des législateurs, est garnie d'armoires renfermant leurs robes sénatoriales. Les réunions de notre Chambre des communes inspireraient plus de respect si le décorum y était observé davantage... Que dirait un législateur français tout parfumé, revêtu de soie brodée, tenant avec grâce à la main un couvre-chef garni de plumes douces et brillantes, accoutumé à voir des sièges grecs, des festons de draperies et des hommes vêtus aussi richement que lui, s'il était transporté dans une pièce pauvre et mesquine, médiocrement éclairée, mal ventilée, disposée d'une manière incommode, et si on lui disait que dans ce local délibèrent les représentants de la première nation du monde?...

Du Corps législatif, j'allai voir le brave capitaine Bergeret, pour lequel j'avais des lettres d'introduction. On se rappellera que ce héros montra le plus indomptable courage en Virginie, où il conquit l'estime de ses adversaires, auxquels il fut obligé de se rendre. Quand sir Sidney Smith fut enfermé au Temple, Bergeret, prisonnier en Angleterre, fut envoyé en France sur sa parole pour négocier l'échange de Sidney; mais le gouvernement français, dirigé alors par de méprisables despotes, refusa d'accéder à cette proposition et voulut même s'opposer au retour de Bergeret ; mais celui-ci, sacrifiant tout à sa parole, quitta furtivement la France pour retourner volontairement dans l'exil.

De là je me rendis au Temple; l'entrée en est belle et ne donne pas l'impression de l'approche d'une prison. Sur la porte s'élevait une perche supportant un bonnet rouge sale et en lambeaux, sorte de décoration républicaine dont il existe actuellement très peu de spécimens à Paris. La porte me fut ouverte par le geôlier en chef, dont le prédécesseur avait été révoqué comme soupçonné de complicité dans l'évasion de sir Sidney Smith. Son aspect était tout à fait en rapport avec ses barbares fonctions et de nature à rassurer ses supérieurs contre toute velléité de sacrifier son devoir à la pitié ou à l'humanité. Il me dit qu'il ne pouvait me permettre, en vertu d'ordres récents, d'avancer au delà de sa loge. De là je pus voir les promenades et la prison, située au centre des murailles. Il me montra la fenêtre de la chambre où languirent les victimes royales. Comme l'histoire de l'évasion de sir Sidney Smith a été racontée d'une manière un peu confuse, un court récit de cette évasion ne sera pas sans intérêt.

Il y avait plusieurs mois que le héros anglais était en prison, lorsqu'il remarqua qu'une dame, habitant un des appartements supérieurs d'une maison située de l'autre côté de la rue, regardait souvent de son côté. Toutes les fois qu'il la voyait, il jouait quelque air tendre sur sa flûte, et en variant ses airs d'après ses mouvements, il parvint à attirer son attention; il eut bientôt le bonheur de remarquer qu'elle le regardait parfois avec une lorgnette. Un matin, voyant qu'elle l'examinait ainsi, il arracha une page blanche d'un vieux livre de messe oublié dans sa cellule, et avec la suie de sa cheminée il essaya de tracer en gros caractères la lettre A, qu'il étala à la fenêtre, de telle sorte que sa belle observatrice pût l'apercevoir. Après l'avoir considérée pendant quelque temps, celle-ci lui fit signe par un mouvement de tête qu'elle comprenait son dessein; sir Sidney touche alors le premier barreau du grillage, de sa fenêtre, pour lui faire comprendre qu'il devait signifier A, le second B et ainsi de suite, jusqu'à ce qu'il eût formé un nombre de lettres correspondant à celui des barreaux, de manière à former un alphabet télégraphique. Ce moyen de communication était naturellement très lent; mais sir Sidney fut heureux d'observer, en formant le premier mot, que cette femme excellente, qui apparaissait à ses yeux comme un ange gardien, paraissait tout à fait le comprendre, ce qu'elle lui fit connaître par un geste d'assentiment. Obligé d'interrompre souvent cette conversation muette et fatigante, par la crainte d'exciter la curiosité des geôliers et de ses compagnons de captivité, sir Sidney Smith employa plusieurs jours pour apprendre à son amie inconnue son nom, ses qualités, et pour lui demander de découvrir quelque royaliste non suspect capable de mener à bonne fin son évasion; il l'assura, sur l'honneur, qu'elle serait amplement remboursée de ses frais et rémunérée. Il lui fournit par ses indications le moyen de toucher plusieurs sommes importantes pour l'accomplissement de cette entreprise, à laquelle elle s'appliqua avec la plus parfaite fidélité. Le colonel Phélippeaux était alors à Paris; c'était un noble officier, secrètement royaliste, très attaché à ses princes et à ceux qui soutenaient leur cause. Il avait tenté, mais sans y réussir, d'exécuter à diverses reprises des projets de restauration. C'est à lui que s'adressa l'aimable correspondante de sir Sidney, et Phélippeaux, mis au courant de ce qui se passait et mécontent de l'échec de ses propres desseins, accueillit avec enthousiasme les ouvertures qui lui furent faites. Intelligent, actif, froid, audacieux, insinuant, il médita un plan pour arriver à ses fins. Il trouva pour complice un employé du ministère de la police, qui falsifia un ordre pour transférer sir Sidney Smith du Temple à la Conciergerie. Le lendemain du jour où un inspecteur des prisons avait fait sa visite mensuelle, deux hommes résolus déguisés en officiers de maréchaussée arrivèrent en fiacre, d'après les instructions du colonel Phélippeaux, à la prison du Temple, où ils présentèrent le faux ordre de transfert. Le geôlier, après l'avoir examiné avec soin, fit prévenir sir Sidney. Celui-ci, tout en paraissant quelque peu déconcerté, fit ses adieux à ses compagnons et distribua de l'argent aux gardiens dont il avait eu à se louer. Au moment de partir, le greffier fit observer que quatre gardiens devaient l'accompagner. Tout le complot pouvait être ainsi compromis. Les faux officiers, sans manifester la moindre émotion, déclarèrent que rien n'était plus juste; mais l'un d'eux, comme s'il se rappellait tout à coup le rang et le caractère du prisonnier, lui dit : « Citoyen, vous êtes un brave officier, donnez-nous votre parole, et une escorte sera inutile. » Sir Sidney répondit qu'il s'engageait à les suivre sans résistance partout où ils voudraient le conduire.

Aucun regard, aucun mouvement ne trahirent leurs projets. Tout se fit de la manière la plus calme et la plus naturelle. Monté dans le fiacre qui les attendait, il y trouva des vêtements, un faux passeport et de l'argent. Au faubourg Saint-Germain, ils descendirent et se dispersèrent. Le colonel Phélippeaux attendait sir Sidney; il le conduisit jusqu'au bord de la mer, où tous deux, s'étant confiés à une barque, furent recueillis par un croiseur anglais. Phélippeaux suivit Sidney Smith à Saint-Jean d'Acre, où il mourut de maladie, avec la satisfaction d'apprendre la défaite des armées de la République par celui qu'il avait délivré. L'évasion ne fut connue qu'un mois plus tard, lors de la visite de l'inspecteur des prisons (1).

On parlait beaucoup, pendant mon séjour à Paris, d'un poème sur le génie et les progrès du christianisme, dont le style s'inspirait de celui d'Ossian, et qui excitait beaucoup de curiosité.

(1) Nous avons beaucoup abrégé ce récit, surtout à la fin, où les sentiments de patriotisme de l'auteur se font jour avec des développements quelque peu déclamatoires sur l'héroïsme de sir Sidney Smith. On trouvera d'autres détails sur cette évasion dans un article de M. Victor Pierre, inséré dans *le Correspondant* du 25 octobre 1894.

D'après l'opinion d'une de mes connaissances qui avait parcouru ce livre, ce poème était le fruit des imaginations désordonnées d'un esprit égaré, exprimées en vers blancs lourdement prosaïques. « C'était la folie de la poésie, sans son inspiration (1). »

Cet ouvrage pouvait être regardé comme curieux, par d'autres raisons que celles que la critique littéraire pouvait faire valoir. Le poème était mauvais, les lecteurs nombreux. Le sujet était religieux, l'auteur était notoirement athée, et le profit qu'il en tira dépassait deux cent mille francs. L'heureux écrivain échappait à la faim en publiant cet incompréhensible éloge du christianisme, que Paris accueillait avec une sorte d'enthousiasme élégant. Un autre pseudo-barde a annoncé son intention de donner un ouvrage qui aurait encore plus de succès, et dans lequel il combattrait ironiquement le dogme de la Trinité.

Je pourrais parler de ce livre, sur lequel on m'a renseigné à Paris, mais une telle profanation est dégoûtante et détestable. Je ne puis que men-

---

(1) Nous reproduisons ce jugement bizarre sur le *Génie du christianisme*, de CHATEAUBRIAND, comme un témoignage de certaines opinions littéraires et philosophiques de l'époque. Ce bel ouvrage avait paru le mardi de Pâques, deux jours après le *Te Deum* de Notre-Dame en faveur de la paix et du rétablissement officiel du culte.

tionner le but de cet écrit pour montrer combien on s'abuse en croyant que les Français sont devenus des dévots exemplaires. Le retour de l'athéisme à la ferveur n'est pas rare, mais cette transformation n'a pas encore eu lieu en France... Je ne veux pas dire qu'il ne s'y trouve pas beaucoup de gens vertueux et pieux; et il a été heureux pour l'ancienne religion du pays que la Révolution n'ait pas tenté de la réformer ou de lui substituer un autre culte... (1)

J'ai été présenté par Mme S... au célèbre physicien M. Charles (2). Il habite au Louvre un bel appartement, que le gouvernement lui a octroyé comme un témoignage de reconnaissance pour le don qu'il a fait à la nation de son magnifique cabinet de physique. Il a été en même temps chargé de la principale chaire de physique. Sa belle collection est exposée dans son appartement. Au centre du dôme de la première salle, appelée la salle de l'électricité, est suspendue la nacelle du premier ballon enflé par l'air échauffé, dans lequel lui et son frère firent une ascension d'une heure trois quarts le 1ᵉʳ décembre 1783; une fois descen-

---

(1) Je passe deux pages de développements sur ce thème.
(2) Charles (Jacques-Alexandre-César), physicien et aéronaute (1740-1823).

dus, il y remonta seul à la hauteur étonnante de 10,500 pieds. La même salle renferme d'immenses batteries et machines électriques dont quelques-unes lui ont été offertes par Mme S...

Parmi les petites figures de fantaisie qui avaient pour but d'animer de graves leçons de physique en excitant une innocente gaieté, se trouvait un petit Amour. Ce dieu en miniature, avec son arc à la main, était isolé sur un trône de glace et chargé de ce fluide électrique qui ressemble quelque peu à l'esprit subtil qu'il dégage. On pria la plus jeune fille de Mme S... de le toucher. Aussitôt, elle reçut son trait pénétrant. « Oh! combien ce petit dieu m'a fait peur », dit-elle en reculant, tandis que la surprise embellissait encore sa beauté juvénile; « mais cependant, ajouta-t-elle en se remettant, il ne blesse pas. » Cette petite saillie peut être regardée comme un spécimen de cette vivacité enjouée qui caractérise les Françaises.

Au centre d'une autre salle, consacrée à l'optique, il nous sembla, en entrant, voir dans un vase un beau bouquet composé des fleurs les plus rares. Je m'approchai dans l'intention de les sentir; mais quand je voulus les toucher, ma main passa à travers. C'était une charmante illusion d'optique. « Ah! s'écria mon élégante compagne en souriant, c'est de telles fleurs que le bonheur fait sa gerbe, elles brillent aux yeux de l'espérance ; mais la main de la réalité ne peut les saisir. »

Dans d'autres salles sont exposés des appareils variés pour les expériences de physique, auxquelles M. Charles préside avec tant de compétence.

Le mérite de M. Charles n'a d'égal que sa modestie. Son extérieur n'est pas en rapport avec sa situation et la considération dont il jouit. Je suis allé avec lui dans le jardin des Tuileries, au moment où la gaieté et la mode y dominaient. Il portait un costume de drap brun uni, un vieux chapeau rond avec une petite cocarde tricolore ; mais toute sa physionomie respirait le caractère, le talent et l'intelligence. Dans ce costume d'une simplicité puritaine, il excitait plus de respectueuse curiosité, partout où il passait, que plusieurs généraux qui paradaient devant nous avec des uniformes où s'était déployé l'art des tailleurs et des brodeurs, et de grands chapeaux galonnés ornés de plumes éclatantes et flottantes, qui ajoutaient encore à leur haute taille.

De là, à l'église Saint-Roch. De l'entrée, un très grand effet est produit par un beau tableau du *Sauveur crucifié*, sur lequel le soleil répandait une lumière glorieuse, et qu'on aperçoit au fond de l'église, dans la perspective des arcades plus sombres. Cette église a été plus d'une fois le théâtre de scènes révolutionnaires. Son élégante façade est mutilée et ses portes percées, en un grand nombre de places, par des boulets ou des balles. On disait la messe dans l'église ; mais les fidèles, en petit nombre, étaient surtout de vieilles femmes et de jeunes filles.

La chapelle et le dôme de l'Hôtel des Invalides sont justement célèbres ; mais la façade est inférieure à celle de l'hôpital militaire de Chelsea, auquel elle ressemble quelque peu. La chapelle est transformée en temple de la Victoire, dans lequel sont suspendus, avec beaucoup de goût, sous des médaillons indicateurs, les drapeaux pris sur les ennemis de la République pendant la dernière guerre et qui sont en immense quantité. De semblables ornements décorent les piliers et les galeries du dôme vaste et magnifique qui s'élève à l'extrémité du temple.

Mon œil chercha immédiatement les couleurs britanniques, et finit par découvrir les enseignes d'un vaisseau de guerre anglais, percées de boulets et noires de fumée, paraissant très ternes au milieu des broderies et des lambeaux éclatants des étendards italiens et turcs.

L'état des drapeaux semble attester les facilités ou les difficultés de la victoire. Ceux de l'Autriche, déchirés, inspirent l'estime pour une bravoure héroïque, quoique malheureuse. En voyant ceux de la Prusse, on dira : « Votre apparence ne prouve en aucune façon une sincère résistance. » Les enseignes napolitaines ne semblent avoir paru qu'un instant sur le champ de bataille. Quant aux italiennes et aux turques, qui ressemblent à la garderobe d'un héros de pantomime; on peut leur dire : « L'odeur du combat ne vous a pas parfumés; sa fumée n'a pas terni vos étoffes de soie. Vous avez été nombreux, mais aucune marque n'atteste que vous ayez flotté à la tête d'une armée brave, unie et énergique... »

De chaque côté de la chapelle sont suspendus de grands tableaux peints par des artistes français, dont quelques-uns ont du mérite, et représentant les conquêtes des armées françaises à différentes époques.

Il est à remarquer que la Révolution, qui cherchait avec trop de succès d'un œil pénétrant et sauvage tous les emblèmes du pouvoir royal, ne les a pas détruits sur le dallage du dôme des Invalides. Les fleurs de lis, surmontées de la couronne de France, subsistent encore au milieu des marbres qui le décorent. Les statues des saints ont été remplacées par des déesses révolutionnaires; mais les noms des saints n'ont pas été effacés sur le piédestal des déesses, et le spectateur ne peut s'empêcher de sourire en lisant, aux pieds de la statue de l'Égalité, le nom de saint Louis.

Un monument coûteux a été élevé à la mémoire du brave maréchal de Turenne, tué en 1675 (1). Dans mon humble opinion, le faux goût de la statuaire française s'y révèle beaucoup trop. Un groupe d'anges pleurant entourent le héros couché, dans des attitudes de figurantes d'opéra, et l'artiste s'est efforcé, avec trop de travail et d'art, de donner à leur figure et à leurs formes les expressions d'une douleur gracieuse. De chaque côté de la large arcade qui sépare le dôme de la chapelle sont dressées les tables de l'honneur militaire sur lesquelles sont inscrits, en lettres d'or, les noms des soldats qui se sont distingués pendant la dernière guerre. Comme nous regardions une peinture colossale où l'on apercevait le corps nu d'un guerrier, une dame prude qui semblait avoir atteint l'âge où l'on cesse d'espérer, le regarda quelque temps avec son lorgnon et dit qu'il y avait beaucoup d'in-

---

(1) Ce monument, qui avait été érigé dans la basilique de Saint-Denis, fut transporté au musée des Petits-Augustins et de là aux Invalides, où il fut placé le 23 septembre 1800 et où il est encore.

convenance dans cette peinture. Mme S... me dit finement à l'oreille que l'inconvenance était dans la remarque.

En quittant la chapelle, nous entendîmes un soldat bruni par le soleil, et qui avait perdu ses deux jambes, dire à son camarade, à qui il montrait les bannières de la cavalerie turque, à l'extrémité desquels flottaient des queues de cheval : « Vois ces enseignes ! elles ne valent pas la peine d'être emportées quand on les prend. »

L'hospice militaire peut contenir trois mille soldats. Les dortoirs, les cuisines, les réfectoires, les offices sont très grands et, ce qui est plus rare en France, propres et confortables. La veille, le premier consul avait visité les vétérans de l'Hôtel. Parmi eux, il avait reconnu un vieux et très brave soldat dont les exploits étaient souvent racontés par ses camarades. Le premier consul l'emmena dans sa voiture dîner avec lui à la Malmaison, le décora d'une médaille d'honneur et le nomma capitaine dans un régiment de choix.

De là nous nous rendîmes à l'École militaire, où Bonaparte reçut les premiers rudiments de l'éducation qui devait être la base de sa gloire future. L'édifice est large et beau, et le premier consul lui porte un grand intérêt qui s'explique... En face s'étend le célèbre Champ de Mars, bordé de chaque côté de terrasses et d'une double rangée d'arbres... Les jours de fête nationale, cette vaste plaine est entourée de tapisseries des Gobelins, de statues et d'arcs de triomphe.

Le soir, au dîner chez Mme S..., où se trouvaient des hôtes nombreux et agréables, j'eus le plaisir de voir parmi eux un des plus éminents fonctionnaires de la République, M. Otto(1), aux efforts duquel le monde doit quelque peu la jouissance de la paix actuelle.

Après dîner, en voiture au jardin de Monceaux, autrefois au duc d'Orléans. Il est dessiné avec beaucoup de goût, et charme les yeux par les spécimens les plus romantiques de la beauté champêtre perfectionnée. Il avait été d'abord destiné par son détestable propriétaire à un tout autre but que celui d'apporter à la population d'une grande ville les plaisirs et les récréations innocentes d'un paysage calme et séduisant. A l'ombre de ses bosquets, toutes sortes de profanations furent commises par ce monstre et ses compagnons nocturnes, à la tête desquels était le boucher Legendre... L'*Ode à l'athéisme* et le chant du *Blasphème* étaient accompagnés des applaudissements et des cris de l'ivresse et de l'obscénité.

(1) Louis-Guillaume Otto, comte de Mosloy (1754-1817).

CHAPITRE VII.

Le jardin, qui appartenait alors à la nation, était ouvert, certains jours, aux gens bien mis. Quelques jours après, il fut donné, comme un témoignage d'estime nationale, au second consul Cambacérès.

Nous nous y promenâmes jusqu'à la nuit. Le soleil se couchait. Les rossignols chantaient en grand nombre. Pas un nuage au ciel. La brise, soufflant sur des parterres de roses, nous en apportait l'odeur et la fraîcheur. Dans une partie réservée de ce beau jardin, nous nous assîmes, à l'ombre des acacias, sur les ruines d'un petit temple, et ce fut un vif plaisir pour nous que d'entendre de charmants duos italiens chantés par Mme S... et sa fille avec l'expression la plus enchanteresse.

Les Parisiens, qui ont leurs écuries au fond de leur cour, ont l'habitude singulière de mettre leur fourrage dans le grenier de leurs maisons. Au sommet d'un élégant et vaste hôtel on peut voir une potence garnie d'une poulie servant à monter les provisions d'hiver pour l'écurie. En apercevant pour la première fois cette étrange manière de procéder, je crois que je n'aurais pas été beaucoup plus surpris si j'avais vu le cheval monter en même temps que le fourrage.

CHAPITRE VIII

L'Opéra. — Les décors. — Le ballet. — Loge du premier consul. — Théâtre Feydeau. — Excursion à Versailles. — La route. — Le château. — Manufacture d'armes. — La salle de théâtre. — La galerie. — Appartement de Marie-Antoinette. — Le poète Prior. — Portraits. — Jeu mécanique. — Le petit Trianon restaurant. — Les jardins. — Le village. — Souvenirs de la reine. — Salles de bal rustiques. — Retour à Paris. — Le général Marescot. — Facultés extraordinaires du premier consul. — Qualités et défauts des acteurs. — Garrick à Paris. — Ruines de la Bastille. — L'Observatoire.

Grâce à l'obligeance de Mme H..., j'eus mes entrées, pendant mon séjour, dans une loge particulière de l'Opéra. Ce vaste et splendide théâtre est éclairé par un immense lustre circulaire garni de lampes brevetées. La forme de ce brillant luminaire est dans le goût antique, et le prix en a été, dit-on, de cinquante mille livres. L'effet qu'il produit sur le théâtre et sur la scène est admirable. Il empêche la vue d'être divisée et distraite par des lumières nombreuses placées sur différents points. Cet établissement est monté sur une si vaste échelle que le gouvernement, de qui il dépend, est en perte chaque soir. La scène et les machines ont depuis longtemps occupé tant d'employés appartenant au peuple qu'ils pourraient devenir à charge au gouvernement s'ils n'étaient pas occupés de la sorte. C'est à cette circonstance qu'on peut attribuer la supériorité de la mise en scène, qui n'est égalée sur aucun des autres théâtres que j'ai vus. A l'Opéra, chaque scène a son décor spécial, qui est monté par de nombreux préposés : la manière dont il est minutieusement approprié aux circonstances du drame rend l'illusion complète et en fait un enchantement. L'orchestre, très bon, est composé de quatre-vingt-dix excellents musiciens. Le corps de ballet comprend entre quatre-vingts et quatre-vingt-dix sujets remarquables, dont le principal est M. Deshayes. Ses mouvements sont très gracieux, son agilité très surprenante, et son pas plus léger, plus ferme, plus élastique que ceux d'aucun des danseurs que j'ai vus. On le regarde justement comme le premier de l'Europe.

Le premier consul a sa loge particulière, sur un côté de laquelle s'élève une haute et décorative colonne creuse dont les cannelures sont à jour, de sorte qu'il peut voir à travers, sans être vu, les auditeurs et les acteurs. On peut être porté à penser que cet homme étonnant a emprunté à notre immortel poète son secret d'inspirer le respect en ne montrant sa personne que rarement et d'une manière opportune.

> Ainsi je suis toujours et superbe et nouveau ;
> Ma présence est semblable au vénéré manteau
> Que le grand prêtre met dans les grands jours de fêtes...

La loge de Mme Bonaparte est à gauche de la scène, au-dessus de l'entrée où l'infortunée reine avait souvent laissé voir sa beauté à l'assistance enthousiaste (1).

Le théâtre Feydeau (2) est très élégant et très fréquenté, par suite de son excellente salle, de ses bons acteurs, de ses décors brillants ; on le préfère, en général, aux quatorze autres théâtres qui, dans cette ville dissipée, offrent chaque soir leur tribut de plaisirs aux Parisiens joyeux et contents. Un Français me faisait remarquer que le dimanche à Londres était horrible, parce qu'aucun théâtre n'était ouvert le soir. La décence et les bonnes

---

(1) Il y a là une erreur. Marie-Antoinette n'a pu se montrer dans la salle Louvois, où l'Opéra a été installé en 1793, après avoir quitté la Porte Saint-Martin, où il avait été transporté en 1781 après l'incendie de la salle du Palais-Royal. — Sur l'Opéra de la place Louvois, on peut consulter la *Description de Paris*, de LEGRAND et LANDON, 1808, t. II, p. 87.

(2) La salle Feydeau, construite par Legrand et Molinos, fut inaugurée le 6 janvier 1791 par une troupe italienne. On y jouait l'opéra-comique en 1802.

manières qu'on observe dans tous les lieux d'amusements publics en France font une heureuse et agréable impression. Des soldats, à cheval et à pied, stationnent dans les rues voisines, pour assurer la circulation et prévenir le désordre.

J'ai été charmé d'une excursion à Versailles, depuis longtemps projetée par l'aimable famille de Mme S... Un matin, de bonne heure, une voiture du gouvernement nous conduisit, à travers un pays très riche et très luxuriant, à une distance de cinq lieues, où le vaste et magnifique palais de Versailles s'offrit à nos yeux, à l'extrémité d'une longue avenue bordée de beaux hôtels et de jardins. C'était un dimanche, jour où le palais est ouvert au public. Sur la route, plusieurs centaines de personnes, en carrosses, en cabriolets ou à pied; tous, la figure joyeuse, en vêtements éclatants, ornés de bouquets, se rendaient vers ce rendez-vous favori.

De la route, on aperçoit Bellevue, l'ancienne résidence de Mesdames; le parc et le beau palais de Saint-Cloud, qu'on préparait pour le premier consul; près du pont de Saint-Cloud, à gauche, une jolie maison de campagne appartenant à un tanneur qui aurait fait une grande fortune en tannant le cuir en vingt-quatre heures; découverte qu'on peut mettre en doute, tandis qu'on ne peut douter de la mauvaise qualité du cuir en France; enfin une très belle manufacture de porcelaine que nous n'eûmes malheureusement pas le temps de visiter.

Tandis que nos chevaux se rafraîchissaient à Sèvres, les agents des différents hôtels et restaurants de Versailles nous assaillirent de petits prospectus annonçant dans les termes les plus pompeux la supériorité de chacun de ces établissements.

Les écuries de Versailles sont disposées en forme de croissant et ressemblent à des résidences princières. Le dernier roi y entretenait six cents superbes chevaux. A gauche de la grande porte est une construction militaire destinée à la cavalerie, et dont la forme rappelle celle d'une mosquée turque. Après avoir franchi les barrières de la première cour, nous vîmes plus distinctement cette étonnante réunion d'édifices irréguliers, comprenant le vieux château, les palais neufs, les hôtels du ministre d'État et des domestiques, deux opéras, la chapelle, des écoles militaires, des musées et la manufacture d'armes, le tout se communiquant et ne formant qu'un seul palais.

Le beau pavage de marbre blanc et noir des cours est très abîmé, et leurs fontaines sont détruites.

Nous avons visité d'abord la manufacture des petites armes; plus de deux mille ouvriers y sont employés. On y voit tous les ingénieux procédés pour fabriquer des fusils, des pistolets et des sabres, dont il se trouve une immense collection, ainsi que plusieurs carabines et sabres d'honneur que le premier consul doit offrir aux officiers et aux soldats qui se distinguent par leur valeur.

Revenant à la grande cour, nous entrâmes dans une enfilade de pièces qui renferment les restes de l'ancien et précieux cabinet de curiosités, puis dans la salle d'opéra du roi, qui surpasse en magnificence et en richesse tout ce que j'ai vu d'analogue. Tout l'intérieur est en bois sculpté et doré. La coupole est admirablement peinte. Sur la scène, des colonnes et des galeries peuvent être dressées en vingt-quatre heures, de sorte que tout le théâtre peut être transformé en une splendide salle de bal oblongue, regardée à juste titre comme la plus belle de l'Europe; elle était éclairée par dix mille bougies. La salle de concert et les salons sont aussi très beaux.

La chapelle est très belle et riche; il s'y trouve de grandes et précieuses peintures. Puis les salles de l'Abondance, de Vénus, de Mars, de Mercure, d'Apollon, et la salle de billard, peintes avec art par Houasse, Le Brun, Champaigne et d'autres artistes célèbres, nous conduisent à la grande galerie, éclairée de dix-sept fenêtres ouvrant sur les jardins, garnie à l'opposite de dix-sept immenses glaces, et dans laquelle les rois de France recevaient les ambassadeurs étrangers.

En visitant la chambre de la reine, la porte par où a pénétré, le 6 octobre 1789, la populace effrénée attira notre attention... Elle est condamnée, mais porte encore les marques de violence de cette journée. De beaux tableaux ornent cette chambre et les pièces adjacentes. Je ne puis omettre de mentionner, quelque contrariété que j'en éprouve, la représentation de la capture d'une frégate anglaise par la corvette française *la Bayonne*, après un combat acharné. C'est une peinture d'un mérite infini, possédant une nouveauté de composition et une vigueur de coloris que je n'ai point rencontrées au même degré dans aucun tableau de marine. Les Français en sont très satisfaits. Il y a là également quelques vieilles pendules curieuses.

C'est dans un de ces appartements que le célèbre

poète Prior, secrétaire du comte de Portland, ambassadeur en France en 1698, fit la réponse mémorable que je vais relater. Un des officiers de la cour lui montrait les appartements, et lui faisant remarquer les peintures de Le Brun représentant les victoires de Louis XIV, lui demanda si les exploits du roi Guillaume étaient de même retracés dans son palais. « Non, monsieur, répliqua le fidèle écrivain, les monuments de la gloire de mon maître sont partout, excepté dans son palais. »

Grâce à M. S..., on nous admit dans une pièce réservée au rez-de-chaussée, où plusieurs portraits de l'ancienne famille royale avaient échappé à la destruction pendant la Révolution. Celle qui représente la reine et ses enfants est très belle et révèle la beauté séduisante et vive de cette aimable et malheureuse femme. Il se trouve dans cette pièce une curieuse pièce de mécanisme : c'est un tableau, contenant deux cents petits personnages se livrant à divers jeux champêtres; séparés du fond du paysage, ils sont mis en mouvement par des ressorts et ils imitent admirablement les gestes de ceux qu'ils sont censés représenter. Le pêcheur jette sa ligne et retire un petit poisson; une chasse suit son cours régulier; un cortège nuptial avance, et l'on y voit des petites figures, dans de petits carrosses, saluer les spectateurs. Il y en a beaucoup d'autres non moins curieuses. Le tout est encadré et sous verre ; de sorte qu'à une certaine distance, lorsque le mouvement a cessé, on semble voir une peinture suffisamment bonne...

Le petit Trianon (1)... est une résidence princière en miniature. Il renferme un petit palais, une chapelle, un théâtre, des communs, des écuries et des jardins. Ces derniers sont encore charmants, quoique les yeux fascinateurs et la main pleine de goût de leur aimable mais trop légère maîtresse ne soient plus là pour y régner, les faire aimer et les embellir. Par un de ces revirements que la Révolution a rendus ordinaires, le petit Trianon est loué par le gouvernement à un restaurateur. Toutes les chambres étaient retenues le jour de notre visite, à l'exception de l'ancienne petite chambre à coucher de la reine, où elle avait l'habitude, comme la déesse d'Idalie, de dormir dans une corbeille de roses en forme de hamac. Nous fûmes obligés d'y dîner. On peut voir encore les ouvertures faites pour les crochets, autrefois rivés dans les plafonds et les lambris, pour supporter l'élégant meuble de ce cabinet de repos.

Après avoir pris à la hâte notre café, des allées sablées nous conduisirent au temple de l'Amour...

(1) La description des jardins et du grand Trianon ne contient aucune particularité nouvelle.

puis à la ferme de la reine, à la laiterie, au moulin, à la cabane des bûcherons. Du temps où la reine résidait à Trianon, ils étaient occupés par les jeunes gentilshommes les plus accomplis de la cour... Ils sont aujourd'hui abandonnés et tombent en ruine.

Dans d'autres temps, lorsque ce paysage élyséen déroulait toutes ses beautés aux pieds de sa charmante souveraine, sur le miroir de ce lac aujourd'hui couvert de roseaux et de joncs, l'illustre société, que berçaient de gracieux petits bateaux de plaisance, goûtait la fraîcheur du soir; la mélodie des chants remplissait les bosquets d'alentour; la tendre flûte y répondait du haut de la tour rustique, que le chèvrefeuille et l'églantier n'enlacent plus, et dont l'escalier tournant, autrefois décoré des fleurs les plus riches et les plus parfumées, est couvert de mousse, s'ébrèche et tombe en morceaux.

La maison du meunier nous a particulièrement charmés. Tous ses détails sont conformes à la réalité, tout en étant élégants; le petit ruisseau qui coule tout auprès, et qui autrefois faisait tourner une petite roue, complète l'illusion. Les appartements, qui ont dû être ravissants, ne présentent que des poutres fendues, des plafonds effondrés des fenêtres brisées. Les parois de ses petites pièces ne conservent plus qu'un lambris sur lequel les visiteurs de toutes les classes ont crayonné leurs initiales, des vers d'amour ou d'autres inscriptions.

Le lierre, qui semble destiné à rendre les derniers devoirs aux monuments qui s'en vont, exerce ici sa funèbre fonction. En errant alentour, un orage nous força à chercher un refuge dans une construction qui nous paraissait être une simple grange; en y pénétrant, nous reconnûmes une élégante petite salle de bal, défigurée et verdie par l'humidité et l'abandon. Dans d'autres parties de ce *petit Paradis* ont été creusées à des prix immenses des grottes artificielles, sous lesquelles étaient autrefois disposés des lits de mousse et coulaient des ruisseaux; ailleurs, des belvédères, des chaumières éparses, différentes en caractère, mais également pittoresques. L'Opéra, qui est isolé, est une miniature de celui du palais de Versailles. La salle de bal des Sylvains est un carré long, garni de beaux treillages et surmonté de vases de fleurs; le sommet en est ouvert. Quand la reine y recevait, le sol était recouvert d'un plancher, et le tout était brillamment illuminé. Aujourd'hui, plusieurs personnes valsaient au palais dans la petite bibliothèque de la reine.

... Il vaudrait mieux, pour la conservation de cet édifice, que Bonaparte l'eût choisi plutôt que Saint-Cloud pour sa résidence d'été. En rentrant à Paris, les ponts de la Seine illuminés nous parurent très beaux, et quelques feux d'artifice faisaient un superbe effet sur l'eau.

Le soir, on fit de la musique chez M. S... Le général Marescot (1), brave officier estimé de Bonaparte, se joignit à nous. Il nous apprit qu'il allait inspecter les fortifications maritimes de la République. « Vous devriez venir avec moi comme aide de camp, dit le général à Mlle S... — Je ne suis pas assez féroce pour un soldat, répliqua la belle avec un sourire ensorcelant. — Eh bien, alors, dit le général basané, si la guerre recommence, vous me suivrez pour conjurer ses maux. » Mme S..., comme une vraie mère française, fut charmée de ce petit compliment, et présentant sa tabatière au galant Marescot, elle lui dit : « Merci, mon cher général, les braves ont toujours une bonne opinion des belles. »

Le premier consul passe pour ajouter à ses autres facultés extraordinaires une connaissance profonde et pénétrante des finances. M. S... me raconta que, toutes les fois qu'il s'occupait officiellement avec lui de questions de ce genre, il se montrait si familier avec les comptes les plus compliqués

(1) Armand-Samuel Marescot, né en 1758, général de division en 1794, nommé pair de France et marquis par Louis XVIII, mort en 1832.

qu'il semblait en avoir l'intuition. Il montre les mêmes talents en philosophie et dans les matières étrangères au maniement des affaires publiques, qui a fait sa gloire et qui exclut en général les jouissances des études spéculatives. Les qualités que la Providence dans sa sagesse répand parcimonieusement parmi les hommes et qui rarement arrivent à leur pleine maturité, même dans les circonstances les plus favorables, viennent toutes se réunir, au matin de la vie, dans cet être extraordinaire qui, aux débuts de cette révolution sur les ruines de laquelle il devait atteindre à l'autorité suprême, n'était qu'un jeune homme imberbe.

Des grands acteurs de la politique, notre conversation tomba un soir, chez Mme S..., par une transition naturelle, sur les merveilleux talents qui, à diverses époques, avaient brillé sur le théâtre. Mme S... fit quelques remarques judicieuses sur les acteurs distingués français, auxquels elle reprocha des gestes et une déclamation appris dans une école d'où l'étude de la nature avait été bannie. La tragédie, disait-elle, était boursouflée par l'excès de la pompe, et la comédie souffrait d'une légèreté trop subtile. Elle accordait à notre immortel Garrick une supériorité décidée sur tous les acteurs qu'elle avait vus. Elle avait eu l'opportunité d'en juger dans une circonstance courte et singulière.

Lorsque Garrick (1) visita pour la dernière fois Paris, elle venait de se marier. Cet acteur célèbre avait des lettres de recommandation pour M. S... Dans une grande soirée que celui-ci donna en son honneur, il montra quelques spécimens de son art sans rival. Entre autres, il représenta en pantomime, par les merveilleux pouvoirs de ses gestes et de sa physionomie, les sentiments d'un père qui avait laissé tomber par accident son unique enfant du haut d'un balcon. Ce malheur avait rendu fou le malheureux père. Garrick l'avait visité dans sa cellule, où le pauvre aliéné répétait plusieurs fois dans la journée les regards et les attitudes qu'il avait eus sur le balcon. Tout à coup il se penchait comme s'il regardait par la fenêtre dans la rue, avec ses bras serrés comme s'ils tenaient un enfant; puis il reculait, semblait avoir perdu quelque chose, cherchait partout dans la chambre, courait encore vers la fenêtre, regardait en bas et frappait son front, comme s'il voyait son fils expirant sur le pavé. L'imitation de Garrick était parfaite. Les sentiments d'horreur, les larmes et la consternation qu'il fit naître dans une société française joyeuse et fashionable, furent des applaudissements plus flatteurs pour le Roscius anglais que le ton-

(1) David Garrick (1716-1779) fut enterré à Westminster, à côté de Shakespeare.

nerre d'acclamations qui accueillait dans les théâtres combles l'éclair de son regard de feu ou la fin de ses tirades terrifiantes.

Dans une de mes courses du matin, je visitai les ruines de la célèbre Bastille, dont il ne subsiste que l'arsenal, quelques pans de murs massifs et deux ou trois cachots... Son emplacement est aujourd'hui un chantier de bois... Tout partisan de la liberté doit se réjouir de la démolition de ce séjour de désespoir, où gémissaient les victimes du bon plaisir ou de la vengeance des favorites, telles que la Pompadour... Mais sa chute n'a pas fait passer de mode les prisons d'État sous la République, bien qu'elle ait adouci la sévérité du traitement des captifs. Les tours du Temple se dressent à côté des ruines de la Bastille.

L'Observatoire contient une terrasse, sur laquelle sont dressés de très grands instruments d'astronomie. On construisait une machine très ingénieuse pour élever et descendre en même temps l'astronome et le télescope. L'Observatoire est un beau bâtiment qui contient une bibliothèque, des chambres d'étudiants et des appartements pour les différents ouvriers qui construisent les appareils et les instruments. De l'extérieur du dôme, l'on a une belle vue sur la ville, les faubourgs et les environs.

LE JARDIN DU LUXEMBOURG
D'après une gravure du *Voyage de Holcroft*.

CHAPITRE IX

Le Sénat au Luxembourg. — Restauration de tableaux anciens. — Réparations. — Restaurant. — Commodités. — Ancienne salle de la Convention. — Réception chez Talleyrand. — Ses appartements. — Portrait de Talleyrand. — Son passé. — Son présent. — Sa cour. — L'abbé Sicard et le collège des sourds-muets. — Exercices des élèves. — Éloge de cette institution. — Association des idées. — Bagatelle restaurant. — Aspect des Champs-Élysées. — Danses sous les arbres. — Police. — Bibliothèque nationale.

L'ancien palais du Luxembourg est occupé par le Sénat conservateur. Les jardins ont été modifiés et singulièrement embellis, d'après des dessins approuvés par le premier consul, qui veut, dans sa sagesse, les faire rivaliser avec ceux des Tuileries pour l'agrément des habitants qui habitent les quartiers voisins. La salle des séances du Sénat n'est autre qu'un grand et beau salon où sont placés, sur des plans inclinés, soixante fauteuils destinés aux sénateurs, le fauteuil du président et la tribune. On dispose ce magnifique palais pour leur servir de résidence. Je fus présenté à un artiste chargé de prendre soin de la galerie; il était occupé avec ses aides à transporter sur toile les couleurs d'une peinture sur bois. Il me reçut avec une grande politesse et m'expliqua son procédé, où il y avait plus de soin, de travail et de précision que d'art.

Le panneau est posé sur une toile tendue sur une table de marbre, et le bois en est enlevé, de telle sorte qu'il ne reste rien que la peinture, comme une feuille d'or battu; on applique alors derrière elle une toile enduite d'une forte colle, à laquelle elle adhère comme si elle avait été primitivement peinte sur elle. Les tableaux de la vie de saint Bruno subissaient alors cette opération (1)...

Les tableaux réunis par Henri IV et renfermés dans la galerie qui porte son nom passent pour être précieux. Je ne les ai pas vus, parce qu'ils étaient déposés dans un magasin, depuis que le palais était en réparation.

Comme j'avais faim, en sortant du Luxembourg, je résolus d'entrer dans le premier restaurant venu. Ce n'est pas difficile à Paris. Il y a tant d'enseignes où sont écrits les noms de : *Café, limonade et restaurateur*, qu'il semblerait que les

---

(1) Ces tableaux célèbres d'Eustache Lesueur ornaient le petit cloître du couvent des Chartreux, qui en firent présent au roi, avant la Révolution, pour figurer au musée du Louvre, alors en préparation. (THIÉRY, t. II, p. 400.)

trois quarts des habitants se sont consacrés à l'art utile de satisfaire aux besoins des estomacs vides.

A peine avais-je fait trois pas dans la rue de Tournon que de grandes lettres d'or m'annoncèrent, à ma gauche, que je serais très bien traité à l'intérieur. A cet instant, la vue du banquet des *Noces de Cana*, au Louvre, m'aurait causé moins de plaisir; j'eus un excellent dîner, avec vin et dessert, pour quatre livres. Je demandai un couteau; après beaucoup de recherches, on m'en apporta un dont la lame menaçait de se détacher du manche; je priai ma belle hôtesse, dont les yeux noirs étaient très expressifs, de m'en donner un autre. Elle me répondit sèchement : « Pourquoi voulez-vous le changer? Il est anglais! » Je n'insistai pas; mais j'ai pensé depuis qu'elle n'en avait pas d'autre.

J'ai eu déjà occasion de remarquer que certaines notions imaginaires de délicatesse excessive ne gênent pas les Français. Tout tourne chez eux à l'utile et au bien-être. C'est à ce sentiment que j'attribue les inscriptions suivantes sur la porte de constructions respectables dans les promenades publiques : *Commodités pour hommes et femmes*. Je mentionne ce fait pour donner quelque idée des mœurs de ce peuple, convaincu que c'est seulement par les détails que nous pouvons nous rendre compte des traits caractéristiques d'une nation.

Je suis passé souvent près de l'ancienne salle de la Convention (1)... Par un retour de l'éternelle justice, cet édifice participe du sort des républicains visionnaires qui s'y sont livrés à tant de déclamations. De faibles étais empêchent, depuis quelque temps, les murs de s'écrouler... Tout est désolé et silencieux... La tanière des bandits est découverte... Il y a deux ans, on en avait fait une ménagerie. Les cavernes, les déserts et les jungles y avaient envoyé les successeurs des sauvages plus puissants et plus féroces qui se trouvaient dans son enceinte... C'est avec satisfaction qu'on retrouve les mœurs des contrées civilisées dans le gouvernement présent...

Un des symptômes des changements qui ont eu lieu, c'est le lever de M. Talleyrand, ministre des

(1) Il s'agit de la salle du Manège, où la Convention siégea jusqu'au 9 mai 1793, et qui devait bientôt être démolie pour faire place à la rue de Rivoli. (Voir *Paris révolutionnaire*, par G. Lenotre, p. 65 à 79.)

affaires étrangères, à qui j'ai eu l'honneur d'être présenté par M. B... L'hôtel de Talleyrand est superbe. Vingt voitures attendaient dans la cour. Sous le péristyle étaient assis plusieurs Turcs, qui faisaient partie de la suite de l'ambassadeur turc récemment arrivé et qui avait en ce moment audience du ministre. Des valets nous font traverser plusieurs beaux appartements pour nous mener à une magnifique salle de réception où étaient réunis la plupart des ambassadeurs étrangers auprès de la cour du consul.

Après avoir attendu quelque temps, les portes à deux battants du cabinet s'ouvrirent, l'ambassadeur turc sortit, faisant de grands saluts et suivi par Talleyrand, dans un riche costume écarlate brodé, la chevelure frisée avec soin et un sabre étincelant à son côté.

Il est petit et mince; sa figure est pâle et pénétrante. Il regarde toujours obliquement; ses petits yeux vifs et ses traits sont doux, spirituels et fins. Sa jambe droite paraît plus courte que l'autre. Sa parole est insinuante. Quant à l'esprit d'avidité dont on l'accuse dans sa vie publique et privée, on sera peut-être surpris d'apprendre que plusieurs personnes qui le connaissent bien et ne sont pas toutes du nombre de ses amis le regardent comme étant au-dessus de la corruption, malgré les anecdotes rapportées par les journaux américains sur X..., Y... et *M. Beaucoup d'argent.* M. Talleyrand peut être classé parmi les curiosités les plus grandes du cabinet républicain. Allié par ses ancêtres aux Bourbons, royaliste de naissance, il fut dès sa jeunesse nommé évêque. Pendant le triomphe éphémère des droits abstraits de l'homme sur les droits pratiques de la raison, il figura dans l'impétueuse cavalcade avec plus de prudence que d'enthousiasme. Dans la cérémonie du Champ de Mars, ce ministre politique, vêtu d'une robe blanche et décoré de rubans tricolores, figura comme grand prêtre à l'autel de la Nation et répandit sa bénédiction épiscopale sur le drapeau de la France et sur ceux des départements.

Quelque temps après, on le trouve à Londres, dissimulé sous le rôle d'un négociateur non accrédité, et revenant en France sur les ailes d'un décret favorable. Depuis ce temps, après qu'il eut divisé et neutralisé les plus formidables ennemis de son pays, il nous apparaît comme le successeur de Lacroix (1), ayant tous les pouvoirs et portant le brillant costume de ministre des relations extérieures. Dans la *Babel civilisée* de l'antichambre

---

(1) Charles de Lacroix de Constant, ministre des Affaires étrangères en 1796 et 1797, mort en 1797, ambassadeur en Hollande.

de cet homme extraordinaire, j'ai vu les représentants constellés de brillants, des princes les plus distingués du monde, attendant pendant des heures avec une patience exemplaire, se contemplant eux-mêmes dans des glaces qui multipliaient leur image, examinant la richesse et l'ingénieuse beauté de la pendule, jusqu'à ce que le son argentin de sa sonnerie annonçât que l'heure où le ministre pouvait les recevoir était enfin arrivée.

Il est certain que peu de personnes possèdent les rares qualités de calme inaltérable et de possession de soi-même qui caractérisent M. Talleyrand. Soutenu par ces dons précieux, il a dominé la tempête politique, et, comme diplomate, il a su tirer parti des préjugés et des passions de tous ceux qui l'approchaient. La prudence et la perspicacité de Talleyrand ont réussi là où l'épée et l'esprit impétueux de Bonaparte auraient échoué. La splendeur de ses appartements et de la plupart des personnages présents rappelait l'éclat d'une cour et portait un étranger comme moi à penser que de l'ancien gouvernement il ne manquait rien, si ce n'est la famille royale en exil.

J'avais depuis longtemps compté sur le plaisir que devait me faire la séance publique de l'abbé

Sicard (1) et l'examen de ses élèves. Cet homme aimable et intelligent dirige une institution qui est chère à l'humanité, et qui fera toujours grand honneur à la nation qui la protège et la soutient par des subsides. Le lecteur reconnaîtra immédiatement que je fais allusion au collège des sourds-muets. Grâce au génie et à la persévérance de feu l'abbé de l'Épée et de son sympathique successeur, une race d'êtres déshérités a été rendue aux bienfaits de l'existence commune. Les glorieux travaux de ces philanthropes, dans des temps peu éloignés de nous, leur auraient valu la réputation et l'honneur de passer pour doués d'un pouvoir surnaturel. En faisant suppléer les facultés dont ils jouissent à celles qui leur font défaut, les sourds entendent, les muets parlent. Un langage silencieux par signes, pour l'intelligence duquel l'œil remplace l'oreille, a été appris à ces êtres imparfaits de la nature. Je ne puis ici en donner l'explication détaillée; mais on en aura quelque idée par la simple description de l'examen auquel j'ai eu le bonheur d'assister.

Ce matin-là, les rues qui mènent au collège étaient remplies de voitures, car l'humanité a su

---

(1) L'abbé Roch-Ambroise Sicard (1742-1822), membre de l'Institut. Sur les séances publiques de ses élèves, voir aussi : *Letters from France*, en 1802, par YORKE, t. II, p. 200 à 211.

gagner la mode à sa cause... Dans la cour d'entrée, des groupes d'élèves se livraient aux jeux et aux exercices des enfants de leur âge, pour qui la Providence s'est montrée plus clémente. Leurs lèvres s'agitaient en mouvements convulsifs qui, de prime abord, étaient déplaisants. Dans le cloître, je priai un gentil garçon, qui ne paraissait pas faire partie du collège, de me montrer le chemin du théâtre où le cours devait avoir lieu. Il ne fit pas attention à moi. Un des auxiliaires de l'abbé vint m'informer qu'il était sourd-muet, et lui fit deux ou trois signes trop rapides pour que je pusse les analyser; l'enfant silencieux s'inclina, me prit la main, me mena au théâtre, et avec la plus grande politesse me procura une excellente place. La salle était pleine, et moins d'un quart d'heure après que j'y fusse entré, tous les accès en étaient encombrés par une élégante compagnie. Les bancs étaient occupés par de nombreuses femmes, jolies et à la mode; une tribune était au fond de la pièce; derrière se dressait un grand tableau d'ardoise de huit pieds sur six. Les écoliers étaient placés de chaque côté de la tribune, et derrière les spectateurs on apercevait un beau buste du fondateur de l'institution, l'admirable de l'Épée.

L'abbé Sicard monta à la tribune et prononça un discours très agréable, qui fut interrompu fréquemment par de vifs applaudissements. Il avait pris pour sujet l'analyse du langage des sourds-muets, entremêlée de quelques expériences curieuses sur ce langage et d'anecdotes sur ses élèves. C'est par la philosophie de la grammaire qu'on est parvenu à leur donner les moyens de communiquer la pensée.

L'indication des temps est faite par des signes spéciaux. La main placée sur l'épaule exprime le passé; étendue comme si elle invitait, le futur; le doigt dirigé vers la poitrine, le présent. Un seul signe signifie un mot, fréquemment une sentence; nous en eûmes un exemple singulier. Un assistant, qui paraissait initié à l'art de l'abbé, fut prié de faire un signe à l'élève qu'on interrogeait; aussitôt qu'il fut fait, l'élève écrivit sur l'ardoise, d'une belle écriture courante, les mots : « Un homme. » Il se trompait; l'assistant réitéra le signe; alors l'élève écrivit : « Une personne », à l'étonnement général. Cette circonstance est un exemple frappant de la précision dont ce langage est susceptible.

L'abbé pria quelques spectateurs de retracer par signes quelques sentences prises dans leurs mémoires ou lues dans des livres; elles furent immédiatement comprises par les élèves et crayonnées sur l'ardoise.

Le discours et l'examen durèrent environ trois heures. A la fin de cet intéressant spectacle, les spectateurs étaient sous l'impression d'une silencieuse sympathie. Les figures rayonnaient de satisfaction. Des larmes tremblaient dans beaucoup d'yeux. Après une sorte de pause, la salle retentit d'acclamations. Des femmes élégantes se pressaient pour offrir quelques gages de leur contentement aux enfants de l'institution. C'était un spectacle où l'on voyait le génie venir en aide à l'humanité, et où la nature, dans l'expression de la gratitude, s'attendrissait sur les efforts couronnés de succès de la bonté, de la générosité et de l'intelligence. C'eût été un sujet pour la plume élégante, éloquente et pathétique de Kotzebue; c'est un sujet qui fournirait au Roscius anglais moderne (1) l'occasion d'enrichir son répertoire par une création sans rivale. L'examen des sourds-muets ne sortira jamais de ma mémoire... L'institution est utile à l'État. Un ancien élève du collège est aujourd'hui commis principal du bureau des loteries, où il se distingue par ses talents, sa science dans le calcul et son honorabilité.

Pendant que je parle de ce sujet, qu'il me soit

---

(1) M. Kemble a joué le drame pathétique du sourd-muet, où il a rendu avec d'admirables effets la physionomie de l'abbé de l'Épée. (*Note de l'auteur.*)

permis de mentionner un curieux exemple de l'association des idées. Un homme digne de foi, que je rencontrai, avait demandé à un aveugle à quel son ressemblait la sensation qu'il éprouvait en touchant un drap rouge ; celui-ci lui répliqua immédiatement : au son de la trompette. Un sourd-muet, à qui l'on demanda à quelle couleur on pouvait comparer le son de la trompette, répondit que, dans sa pensée, il devait rappeler un drap rouge. Deux élèves du même collège, fille et garçon, qu'on avait placés près d'un canon, au moment où on le tirait, sans qu'ils pussent en entendre le son, furent conduits par leur maître dans une salle où se trouvait un instrument qui passe pour avoir une action puissante sur les nerfs. Il leur demanda par signes s'ils n'éprouvaient aucune sensation. Ils répliquèrent négativement. Il plaça alors la main de la fille sur l'instrument, tandis qu'il jouait, et répéta la question ; elle répondit qu'elle sentait un plaisir nouveau entrer dans le bout de ses doigts, monter dans ses bras et pénétrer dans son cœur.

On essaya la même expérience sur son compagnon, qui ressentit les mêmes impressions de plaisir, mais plus faiblement.

Mme E..., qui est regardée comme la première maîtresse de musique de Paris, m'a raconté l'expérience qu'elle avait faite sur une jeune sourde-muette. Elle lui avait fait tenir entre les dents un foulard de soie, dont l'autre extrémité communiquait avec un piano sur lequel elle joua un air pathétique. Sa visiteuse parut très émue, et finit par fondre en larmes; quand elle se remit, elle écrivit qu'elle avait éprouvé un plaisir qu'elle ne pouvait exprimer et qui l'avait forcée de pleurer.

Je ne puis quitter ce sujet consolant sans souhaiter à l'abbé de longues années bénies, et que ses nobles efforts, « témoignages des temps éclairés où nous vivons », soient couronnés par le succès. Ce sera la meilleure récompense que peut espérer ici-bas un homme qui est assuré dans l'autre monde de l'éternelle récompense promise aux bons.

Je dînai un jour à Bagatelle, qui est à près d'une lieue de Paris, dans le bois de Boulogne, le Hyde Park de Paris, où le cavalier à la mode, sur son cheval normand, « d'un éperon insidieux provoque le galop qu'il semble vouloir calmer ». Le duelliste combat aussi sous ses ombrages. Bagatelle était jadis l'élégant petit palais du comte d'Artois. Les jardins et ses parterres sont charmants; quel contraste avec les tristes ombrages d'Holyrood, où le royal exilé avec ses tristes compagnons a trouvé son asile!

Les constructions et les jardins sont dans le goût du petit Trianon, sur une plus petite échelle. Comme d'autres, il est tombé entre les mains des cuisiniers et des marmitons, locataires du gouvernement, qui fournissent à leurs visiteurs de bons dîners et d'excellents vins, et prennent soin de les faire bien payer pour une cuisine irréprochable.

Revenant à mon hôtel le soir, je traversai les Champs-Élysées, qui à ce moment paraissaient être dans toute leur gloire. Toutes les allées vertes étaient peuplées d'amoureux chuchotant. De toutes parts, des bruits de fêtes, de musique et de danses réjouissaient les oreilles. Le temps était très lourd, et comme j'étais un peu fatigué d'une longue marche, j'entrai à travers une barrière treillagée dans un vaste pavillon où je me fis servir de la limonade.

Là je trouvai une nombreuse société bourgeoise qui se délassait des labeurs de la journée en valsant et en buvant de la limonade. L'étranger est toujours surpris de voir la grâce et l'activité que le Français même des plus basses classes déploie en dansant. Des caporaux en favoris, en grosses bottes sales, et de jeunes marchands, en longues redingotes, faisaient danser des femmes de chambre et des grisettes avec une élégance qui n'était

MUSICIENS AMBULANTS
D'après une gravure du *Sporting tour*, de Thornton.

CHAPITRE IX.

pas dépassée dans les bals les plus brillants. Rien ne pouvait égaler la gaieté sans souci et le joyeux oubli de toute préoccupation qui régnaient dans ces lieux; et la musique, comme toutes celles du même genre, y était excellente.

La police française, malgré les rumeurs envieuses qui ont couru sur son compte, mérite la constante admiration de l'étranger sincère, qui peut, sous sa protection, parcourir en sûreté tous les quartiers et les faubourgs de Paris, quelque mal éclairés qu'ils soient, à cette heure de la nuit où le passant sans prévoyance est exposé fréquemment à voir braquer sur lui le pistolet d'un bandit. La police anglaise semble se préoccuper plutôt d'arrêter le voleur que de prévenir le vol. Nulle part l'art de prendre les voleurs n'est poussé plus loin qu'en Angleterre, où preneurs de voleurs et voleurs ne semblent faire qu'une famille. En France, la police est très honorée; elle unit la force à la vigilance. Le malfaiteur qui est assez heureux pour échapper à la force, est rarement capable d'éluder la vigilance.

La Bibliothèque nationale mérite certainement une visite. Elle est regardée comme la première de l'Europe. Une des salles renferme un musée des antiques; l'une des ailes contient les deux célèbres grands globes, qui s'élèvent jusqu'au premier étage, où un balcon est disposé autour d'eux. Ils ont environ dix-huit pieds de haut. Cette belle collection est sur le point d'être transportée au Louvre (1).

(1) Ce projet ne se réalisa point.

CHAPITRE X

Revue sur la place du Carrousel. — Arrivée du premier consul. — Son portrait. — Drapeaux rendus à un régiment. — Défilé. — M. et Mme Bonaparte à l'Opéra. — L'abbé Sieyès aux Champs-Élysées. — Cortège des trois consuls. — Traces du 10 août aux Tuileries. — Perspicacité de Fouché. — Maison d'un architecte. — Souvenirs de Robespierre. — Musée des monuments français.

J'ai assisté en société à la revue militaire de tous les régiments de Paris, qui a eu lieu sur la place du Carrousel, derrière les portes et les grilles que Bonaparte a fait élever dans ce but. On nous introduisit dans les appartements du général Duroc, gouverneur des Tuileries; ils sont au rez-de-chaussée, et de ses fenêtres nous avons eu une vue complète de ce superbe spectacle militaire. Peu avant midi, tous les régiments d'infanterie et de cavalerie, formant sept mille hommes environ, étaient en ligne, lorsque le régiment consulaire arriva, précédé par sa belle musique et par un tambour-major vêtu magnifiquement. Cet homme est célèbre dans Paris par ses proportions et sa mâle beauté. Le cheval crème de Bonaparte, « sur lequel, poursuivant sa destinée, il s'est ouvert souvent un chemin terrible sur le champ de bataille », passa près de nous, conduit à la porte principale par des valets de pied en splendide livrée vert et or. Au moment où l'horloge sonna midi, le premier consul, entouré d'un détachement de la garde consulaire, parut et monta à cheval. Il galopa aussitôt à toute vitesse vers la porte la plus voisine de la galerie du Louvre, suivi de ses généraux favoris, superbement vêtus et montés sur des chevaux très richement caparaçonnés. Mes yeux, aidés par une bonne lorgnette, étaient fixés sur le premier consul. J'avais devant moi un homme dont le renom avait pénétré jusqu'aux confins de la terre, et dont les exploits avaient été comparés à ceux du vainqueur de Darius. Ses traits sont petits et maigres; sa physionomie froide, réfléchie et mélancolique; son nez aquilin; ses yeux noirs, fiers et pleins de génie; ses cheveux, qu'il porte courts et sans poudre, noirs; sa taille petite, mais musculaire. Il avait un habit bleu, avec de larges revers blancs et des épaulettes d'or (l'uniforme de son régiment), un petit chapeau à cornes, où était attachée une petite cocarde nationale. Il tenait à la main une petite cravache. Ses bottes étaient à la mode anglaise, ce que j'ai déjà critiqué au point de vue de l'aspect militaire. La raison qui les fait préférer par les officiers français, c'est que le cuir de la partie supérieure ne salit pas les genoux lorsqu'ils croisent une jambe sur l'autre. Bonaparte passa entre les rangs. Son beau cheval semblait avoir conscience de la gloire de son cavalier, tant son pas était fier et majestueux. Les drapeaux d'un des régiments étaient juste au-dessous de la fenêtre où j'avais la chance d'être placé. Le héros s'arrêta et les salua. J'étais alors tout près de lui, et j'eus le plaisir de satisfaire la curiosité si naturelle que l'on a à voir de près les hommes célèbres.

Peu après le passage de Bonaparte, je vis une cérémonie que je ne compris pas sur le moment, mais qui me fut expliquée plus tard. Il y a deux ans, un régiment d'artillerie se révolta sur le champ de bataille. Bonaparte, furieux, le priva de ses drapeaux et les suspendit, couverts d'un crêpe, au milieu des drapeaux ennemis, dans le temple de la Victoire. Le régiment, ému de cet affront, résolut de recouvrer l'estime de son général et de son pays ou de périr tout entier. Il offrit ses services toutes les fois qu'une entreprise désespérée se présenta, et par ce magnanime repentir effaça sa honte sous ses lauriers et devint l'orgueil de l'armée. Ce jour-là, ses drapeaux devaient lui être rendus. Ils furent escortés par une garde d'honneur devant le premier consul qui arracha les crêpes, les déchira, les jeta sur le sol et les fit fouler aux pieds par son cheval. Les drapeaux réhabilités furent alors rendus au régiment, avec une allocution courte et appropriée. J'entendis de loin ce discours laconique, mais pas assez distinctement pour le comprendre. Cette allocution produisit son effet; elle montrait le génie de cet homme extraordinaire qui, avec une perspicacité sans égale, sait si bien donner à toutes les manifestations publiques cette couleur et cet intérêt dramatiques qui plaisent tant à l'esprit de ceux qu'il gouverne. Après cette cérémonie, tous les régiments, précédés de leur musique, défilèrent devant lui en le saluant du drapeau. L'artillerie et la cavalerie quittèrent la place au grand galop, faisant un bruit terrible sur le pavé. Chaque pièce de campagne était traînée par six chevaux, sur une voiture à larges roues. Ce fut la fin de la revue. Bonaparte rentra au palais, où il tint un splendide lever, auquel l'ambassadeur turc fut présenté.

Le soir, Bonaparte et sa femme allèrent à l'Opéra; il y fut reçu avec respect, mais sans acclamation. Mme Bonaparte paraît plus vieille que le premier consul. C'est une femme élégante, et elle passe pour se conduire, dans sa haute situation, avec beaucoup de dignité et de prudence.

Une réflexion assez piquante fut faite sur l'abbé Sieyès, à l'esprit fécond duquel on a attribué la Révolution et tous ses changements. Cet homme extraordinaire a une belle maison aux Champs-Élysées, et passe pour avoir le meilleur cuisinier de Paris. Comme nous passions devant sa demeure, une parente de l'abbé fit valoir tous les services que ce fabricant de constitutions avait rendus à la France, et déclara que sa maison n'était pas une récompense digne de ses travaux. Un ami de l'abbé, qui n'était pas grand admirateur de sa morale, répliqua : « Je pense, chère madame, que l'abbé doit être content de sa destinée, et je lui souhaite de vivre aussi longtemps que possible aux Champs-Élysées ; car, lorsqu'il lui arrivera d'aller dans l'autre monde, il n'a pas grande chance d'être aussi bien casé dans les autres Champs-Élysées. »

En passant, un matin, sous le péristyle des Tuileries, je vis ouvrir la grande porte de la chambre du conseil, et le second et le troisième consul, accompagnés de leur suite en grand costume, s'avancèrent pompeusement pour prendre séance, au son du tambour. Cette singulière procession, dans l'intérieur du palais, est assez ridicule et m'a rappelé la pompe boursouflée avec laquelle se font les entrées et les sorties des rois et des reines sur le théâtre.

J'ai été souvent surpris de voir subsister les dégradations que les boulets avaient fait subir, le 10 août, aux corniches de la façade et aux colonnes du vestibule des Tuileries. Il semblerait que tout souvenir de ce jour de discorde et de carnage aurait dû être effacé ; au contraire, on semble vouloir en perpétuer le souvenir. Sous les larges trous faits par les projectiles, cette date lugubre est tracée en caractères très visibles...

J'ai déjà signalé la promptitude et l'activité de la police française, sous l'œil pénétrant de M. Fouché. Nul ne peut échapper à la vigilance de cet homme et de ses agents. Un émigré digne de foi m'affirma que lorsqu'il vint, avec un de ses amis, lui demander des passeports pour aller dans le midi de la France, il leur causa une surprise en leur disant les noms des villes, des rues et des hôtes chez qui ils avaient logé pendant tout leur séjour en Angleterre...

⁎⁎⁎

M. Le G..., qui demeure rue Saint-Florentin, est regardé comme l'un des meilleurs architectes de France (1). C'est un fait assez curieux que les artistes réussissent mieux quand ils travaillent pour autrui que pour eux-mêmes... En ornant la façade de son hôtel, M. Le G... n'a pas fait preuve de son talent ordinaire. Il a essayé, au fond d'une petite cour, de donner à une habitation privée l'aspect de ces vastes temples dont il s'est épris à Athènes. Le portique est soutenu par deux colonnes cannelées massives qui semblent calculées pour supporter le poids d'un dôme énorme. On dirait toute la force d'Hercule employée à soulever une sauterelle... La maison de M. Le G... contient cependant un témoignage de sa bonté et de sa générosité dont je dois parler. Malheureux en mariage, il avait demandé le divorce, lorsqu'il apprit que le père de sa femme venait de faire banqueroute et devenait incapable de faire vivre sa famille. Ne voulant pas exposer la femme qui avait porté son

(1) Il s'agit sans doute de Jacques-Guillaume Legrand (1743-1807), qui demeurait en 1802 rue Saint-Florentin, n° 270. Il était architecte de la ville de Paris, et fut l'auteur d'une *Description de Paris et de ses édifices*, publiée en 1808 avec la collaboration du peintre Landon, en 2 vol. in-8°.

nom à tomber dans la misère, il l'avait gardée sous son toit, dans un appartement séparé, mais sans avoir aucun rapport avec elle depuis onze ans. Si, par hasard, ils se rencontraient dans le vestibule, ils ne s'adressaient pas une parole. Ce pénible arrangement avait perdu beaucoup de son amertume par une longue habitude.

Dans le curieux cabinet de M. Le G... se trouvait un buste de Robespierre, modelé peu de temps avant sa mort... Sa figure était plutôt belle, mais petite, et sa physionomie devait fortement exprimer l'activité, la pénétration et la finesse. Ce buste est une vraie curiosité. Il est vraisemblable qu'il est unique. M. Le G... peut le conserver sans être critiqué, à cause de sa valeur artistique... La maison où Robespierre logeait est non loin de là, au bout de la rue Saint-Florentin, dans la rue Saint-Honoré, chez un chandelier (1). Les fenêtres de l'appartement qu'il occupait ouvraient du côté de la place de la Concorde, où son premier ministre, la guillotine, était en permanence. Non loin de là, je visitai l'ancienne église des Jacobins, noble édifice où le club des Jacobins tint son *pandemonium...*

(1) La maison où Robespierre habitait porte aujourd'hui le n° 298 de la rue Saint-Honoré. (Voir *Paris révolutionnaire*, par G. Lenotre, p. 13 à 43.)

Avant de quitter Paris, on m'engagea à visiter le Musée des monuments français, qui est installé dans l'ancien couvent des Petits-Augustins. Cet établissement national a pour but de montrer les progrès de l'art monumental en France pendant plusieurs siècles, surtout d'après des spécimens recueillis dans l'église de Saint-Denis, qui servait de sépulture aux rois de France...

La première salle, qui est très grande, inspire cette sorte de respect que l'on éprouve d'ordinaire en entrant dans une cathédrale. Elle contient des tombes du douzième siècle, au milieu desquelles se distingue le tombeau de Henri II, sur lequel se dressent trois belles figures en deuil supportant l'urne qui contenait son cœur.

La seconde salle renferme les monuments du treizième siècle (1); plusieurs sont très beaux; celui de Louis XII et de sa femme est bien digne d'attention. La salle du quatorzième siècle m'intéresse peu. Dans celle du quinzième, il a plusieurs nobles tombeaux et de beaux vitraux peints. La salle du seizième siècle contient une belle statue

(1) John Carr était peu familier avec la chronologie et l'archéologie.

de Henri IV par Franqueville; elle est regardée comme un admirable portrait de cet homme surprenant. Dans la salle du dix-septième, se trouve une belle figure de femme représentant *la Religion*, par Girardon.

Les cloîtres sont ornés de quelques curieuses statues, de vitraux peints et de carrelages en mosaïque. Il s'y trouve un beau buste d'Alexis Piron, avec cette singulière inscription :

> Ci-gît qui ne fut rien,
> Pas même académicien.

Le jardin carré qu'entourent les cloîtres renferme des urnes et des tombes anciennes. Parmi elles est le monument qui contient les restes, s'ils existent encore, d'Héloïse et d'Abélard, ramenés du Paraclet. Ils sont abrités sous l'ombrage gracieux d'un acacia... L'aspect de ce monument précieux a ravivé en moi les impressions que le beau récit des malheurs de ces amants par Pope avait souvent excitées en moi...

Des gardes nationaux stationnaient dans chaque salle du musée, et formaient contraste avec la solennité calme des objets qui les environnaient.

CHAPITRE XI

Mœurs des femmes mariées. — Hommages qu'on leur adresse. — Théâtre pittoresque et mécanique. — Tonnerre et paratonnerres. — Filtres. — Adieux. — La cour des messageries. — La diligence de Cherbourg. — La Malmaison.

Les femmes françaises n'ont aucun scrupule de conscience à entretenir autour d'elles un cercle d'adorateurs, parmi lesquels leur époux est simplement le plus favorisé. J'espère qu'on ne me considérera pas comme l'apologiste d'une facilité de mœurs qui, en France, n'excite point de jalousie chez le mari et ne cause aucune surprise, si je déclare que je crois qu'en beaucoup de cas, tout commence et tout finit innocemment par l'admiration. J'ai connu et visité à Paris une jeune femme très aimable et accomplie, qui était mariée depuis deux ans. Elle recevait des hommes qu'elle savait être épris passionnément d'elle. Selon l'occasion et le hasard, le mari était présent ou absent lors de leur visite. Ils abordaient cette jeune femme avec toute l'émotion et la tendresse de l'amour le plus ardent.

L'un d'eux était un célèbre orateur; il était son humble esclave; un regard de ses yeux expressifs l'élevait au comble du bonheur ou rendait ses nuits sans sommeil. Le complaisant époux de Mme G... regardait ces hommes comme ses meilleurs amis, parce qu'ils contribuaient au bonheur de sa femme; quelque étrange que cela puisse paraître, je crois qu'il n'avait pas plus de motifs de se plaindre qu'Othello, et que son repos n'était pas troublé par les soupçons qui torturaient l'esprit du malheureux Maure.

J'allai un soir à un très beau spectacle, que je crois devoir signaler; c'est le théâtre pittoresque et mécanique (1). L'assistance était choisie et de bonne compagnie; la salle et la scène sur une petite échelle, la première élégamment décorée. Le spectacle consistait en paysages animés par de petits personnages mobiles. Le premier tableau représentait un bois, le matin; tout était bleu, frais et chargé de rosée. La progression de la lumière, à mesure qu'on approchait du milieu du jour, était admirablement graduée. On voyait des serpents ramper dans le gazon; un petit chasseur entrait avec son fusil de chasse, imitant tous les mouve-

---

(1) Ce spectacle, dirigé par le citoyen Pierre, était situé rue de la Fontaine, aboutissant au carrefour Gaillon et au pavillon de Hanovre.

ments d'un chasseur véritable; un petit canard sauvage partait d'un étang et volait devant lui. Il le visait, changeait de place, le visait encore et tirait; l'oiseau tombait; il le jetait sur ses épaules, attachait son fusil et s'en allait. Des voitures, traînées par des chevaux de quatre pouces de haut, passaient; des groupes de paysans, dont les mouvements étaient parfaitement imités, les suivaient. Parmi les autres tableaux figuraient la baie de Naples et le grand pont, sur lequel des petits chevaux, montés par des cavaliers, allaient au pas, trottaient et galopaient. Toutes les particularités de la nature étaient observées. On entendait le bruit des fers des chevaux sur le pavé; quelques-uns se cabraient ou devançaient les autres. Il y avait aussi de charmantes marines, où les vaisseaux venaient vers les spectateurs et manœuvraient d'une manière surprenante. Le spectacle se terminait par une tempête et un naufrage. On voyait des matelots flotter sur les eaux ou s'engloutir. L'un d'eux sortait de l'eau; il gagnait un rocher; des bateaux venaient à son secours; ils échouaient; le petit personnage paraissait désespéré. La tempête continuait; d'autres petits personnages se montraient au sommet d'un grand rocher qui surplombait, près d'un phare; ils jetaient une corde au naufragé, qui la saisissait; il montait pendant quelque temps, mais, épuisé par la fatigue, il tombait; s'étant remis de sa chute, il réitérait ses efforts, et à la fin atteignait le sommet en sûreté, au milieu des acclamations des spectateurs, qui, remués par le charme de l'illusion, avaient pris grand intérêt à cette scène dramatique.

En sortant du théâtre, un orage éclata. Les éclairs brillaient de toutes parts, suivis de roulements de tonnerre. Tandis que nous contemplions ce spectacle du balcon de Mme S..., une boule de feu tomba près de nous et remplit la chambre d'une odeur de soufre. Un domestique entra bientôt, hors d'haleine, annonçant à une invitée, Mme R..., que la boule de feu était entrée dans sa maison, qui était voisine, sans y causer aucun dommage. Mme R... rit de bon cœur. « C'est très drôle, dit-elle, que le tonnerre se permette d'entrer chez moi quand je n'y suis pas. » Cette remarque enjouée dissipa les appréhensions qui avaient assombri la physionomie de la plupart des dames. Toutes les grandes maisons sont protégées contre les effets périlleux du fluide électrique par des conducteurs bien aménagés.

On a mis au jour depuis peu à Paris une invention aussi utile qu'ingénieuse. Un magasin a été ouvert pour la vente de filtres, auxquels le constructeur a donné la forme des plus élégants vases étrusques. Ils peuvent purifier l'eau la plus fétide et la plus corrompue par un procédé qui ne dure que quelques minutes... Cette découverte peut être des plus importantes pour les familles qui résident dans les districts maritimes de la Hollande et dans beaucoup de villes de l'intérieur de la France, où l'eau est souvent très mauvaise.

Après avoir reçu les témoignages les plus touchants de politesse cordiale et d'hospitalité, je me préparai à retourner dans mon pays, « cette pierre précieuse enchâssée dans la mer d'argent ». J'eus à prendre congé de ceux dont l'aimable société avait, dans l'espace d'un mois, serré entre nous des liens étroits d'affection, et qui m'avaient fait oublier que j'étais un étranger dans un pays où je m'attendais à rester isolé comme un voyageur de passage. Parmi celles qui causaient le plus mes regrets était l'élégante et charmante famille des S... En lui faisant mes adieux, Mme S... me dit : « Vous ne nous oublierez point, parce que quelques vagues divisent nos deux pays. » — « S'il veut me prêter son album, dit l'une de ses aimables filles, j'essayerai si mon crayon pourra nous conserver dans son souvenir, au moins pour quelque temps. » Je le lui offris, et en quelques minutes elle fit une élégante petite esquisse qu'elle intitula : « La mère chérie. » Aimable jeune artiste ! Puisses-tu un jour mériter-toi même le même titre béni, et être toi-même une moderne Cornélie!

M'étant procuré sans difficulté un passeport par l'intermédiaire de notre ambassadeur... je me rendis le 21 prairial, à cinq heures et demie du matin, aux messageries, d'où partent les diligences, qui sont toutes sous le contrôle de l'État. La matinée était très belle; avant de monter dans le lourd véhicule qui devait m'emmener en Normandie, ma vue fut frappée par de nombreux groupes de voyageurs et de leurs amis qui entouraient les voitures, tandis qu'on attelait les chevaux. De tous côtés, une trentaine d'hommes s'embrassaient. En France, les femmes ne pensent pas qu'on porte atteinte à leurs privilèges par cette mode antianglaise de salutation. Quelques-uns versaient des larmes, mais sans que celles-ci fissent perdre aux joues sur lesquelles elles coulaient leur coloris ou leur animation. Tous étaient pleins d'entrain; leurs yeux brillaient; il y avait de la gaieté dans leur chagrin même. — *Bon voyage! Bon voyage! — Dieu vous bénisse! Dieu vous bénisse!* — Partout ces mots partaient de ces figures joyeuses, lancés à travers les portières de la machine massive, qui roulait sous les portes de la cour, aux claquements incessants du long fouet du postillon.

Je me trouvai dans la diligence de Cherbourg

avec deux dames et trois hommes, qui tous étaient polis et aimables. Dans le cabriolet était placé un capitaine de l'armée française, qui avait été au service de Tippoo-Saïb, à l'époque de la reddition de Seringapatam. Il paraissait abominablement sale dans ses habits de voyage; mais cette circonstance n'est pas en France un indice d'infériorité ou de vulgarité. En entrant sur la place de la Concorde, le soleil faisait étinceler les statues, les palais, le jardin voisin des Tuileries. Mes joyeux mais sensibles compagnons agitaient leurs mains, adressant de courtes apostrophes à ces objets muets de leur admiration, et criant : « *Adieu, ma très chère jolie ville. — Ah! très jolie ville, adieu.* »

Près de trois milles au delà de la barrière, nous traversâmes des plantations de rosiers; elles fournissent les marchés de ces belles fleurs, qui ornent la toilette, les vases et le sein des jolies Parisiennes et forment les bouquets favoris des petits maîtres; de chaque côté de la route s'élevaient des cerisiers, couverts de fruits, dont l'aspect était charmant. Bientôt nous atteignîmes la machine de Marly, qui fournit les *jets d'eau* de Versailles; ce travail, fait sur une large échelle, paraît très curieux. Un peu plus loin se trouve la Malmaison, principale résidence d'été du premier consul et de sa famille. C'est une maison déjà ancienne, abritée sous de beaux ombrages. A l'entrée sont de grands baraquements militaires destinés à recevoir un escadron de cavalerie consulaire, qui y réside, lorsque son général est à la Malmaison (1).

(1) Voir à l'Appendice, la description de la Malmaison par James Forbes.

CHAPITRE XII

Saint-Germain. — Les brigands de la forêt d'Évreux. — Lisieux. — Les paysans. — Caen. — Cuisine anglaise. — Éloquence du barreau. — Maison de Charlotte Corday. — Bal chez un fonctionnaire. — Épisodes. — Le sacristain de Notre-Dame et la statue de la Vierge. — Préparatifs de la Fête-Dieu. — Bayeux. — Les liqueurs et la tristesse de cœur. — Belles cultures. — Les routes. — Saint-Lô ville charmante. — Cherbourg pauvre et sale. — La digue. — Environs de Cherbourg. — Danses rustiques. — Tableau idyllique. — Départ. — Nourriture des Français.

Déjeuner à Saint-Germain. Côtelette de porc, excellent pain, vin et cerises, pour vingt sous. A Mantes, excellent dîner de plusieurs plats, pour trente sous. Peu après Mantes, on quitte la grande route de Normandie, et l'on entre dans un pays extrêmement pittoresque et riche. Une escorte de chasseurs nous accompagne à travers la forêt d'Évreux. Ce grand bois est infesté par une bande de brigands qui vivent dans des grottes profondes, comme les logements souterrains des voleurs parmi lesquels Gil Blas fut enrôlé contre son gré; ils attaquent généralement le voyageur avec des forces qui rendent la résistance inutile et périlleuse. La forêt, dans le cours de l'année, avait fourni beaucoup de besogne à la guillotine de Caen. L'apparence de nos gardes était assez terrible pour effrayer des âmes vaillantes de bandits. Ils portaient des casques romains, avec de grandes queues de cheval noir descendant dans leur dos; leur uniforme était vert clair et paraissait râpé.

Après avoir traversé la forêt sans incident, on soupa à Évreux, ville très plaisante, où l'on resta quatre heures. Comme je mettais mon chapeau devant mes yeux pour dormir dans la voiture, j'entendis un de mes compagnons de route dire à son voisin : « L'Anglais dort. — Non, répliqua l'autre; il ne dort pas, il réfléchit; c'est le caractère de sa nation. — Le Français ne peut souffrir l'apparence de la réflexion; ils ont un dicton : *Un homme qui rit ne sera jamais dangereux.* »

Le lendemain matin, déjeuner à Lisieux, vieille ville avec les restes d'un beau couvent de Capucins. A quatre ou cinq milles de la ville, les figures riantes et animées des paysans en groupes, tous dans leurs habits des dimanches, les uns à âne, les plus jeunes marchant à leurs côtés, nous indiquèrent qu'une fête devait avoir lieu à Lisieux ce jour-là. Tout, en effet, y était en l'air. A six heures, nous étions à Caen, capitale de la basse

Normandie. J'avais dépensé, pour y venir de Paris, trente livres, mon bagage compris.

A peine avais-je achevé de dîner à l'hôtel de la Place, qu'un domestique anglais vint me dire que sa maîtresse, Mme P..., qui occupait avec ses deux filles et une autre jeune femme les chambres au-dessus de la mienne, me priait de venir prendre le café avec elle. Je fus quelque peu surpris de cette invitation, car les Anglais ne se distinguent pas d'ordinaire par leur politesse envers leurs compatriotes en pays étranger. Mme P... et sa famille faisaient leur tour de France; ils étaient à Caen depuis trois semaines, et y avaient formé des relations dans le meilleur monde. Cette rencontre inattendue me fut d'autant plus agréable que la diligence de Cherbourg ne devait partir que dans trois jours.

Le lendemain, je visitai, avec mes nouvelles amies, la ville, qui est célèbre par son commerce de dentelles; elle est grande et belle et baignée par l'Orne. Je dînai avec Mme P... et des invités français; je me régalai d'un dîner anglais préparé et servi par ses domestiques. La saleté de la cuisine française est trop connue pour qu'il soit nécessaire de dire combien un pareil dîner me parut délicieux. Les Français avouent eux-mêmes que leurs cuisiniers ne sont pas propres.

Le couvent des Bénédictins, maintenant converti en préfecture, est un noble bâtiment; ses jardins sont bien tenus. Charmante est la promenade du cours, d'où l'on voit la ville à son grand avantage. L'eau de l'Orne est d'une odeur désagréable, mais ne passe pas pour malsaine. Le Palais de justice est un bel édifice moderne. J'eus occasion d'y apprécier l'éloquence du barreau normand. Les gestes et la véhémence me semblèrent, comme à Rouen, tenir de l'extravagance, de la frénésie. Peut-être ai-je été rendu difficile sous ce rapport par la séduction qu'ont souvent exercée sur moi la grâce, l'animation et l'éloquence irrésistible de l'incomparable avocat anglais, lord Erskine.

On me montra, dans la ville, la maison de Charlotte Corday, qui délivra la France d'un monstre, Marat, le 14 juillet 1793. Il y a quelque coïncidence dans les crimes et le destin de Caligula et de Marat; tous deux tombèrent sous des mains vengeresses dans leur salle de bain. La postérité conservera le souvenir reconnaissant de cette femme célèbre et distinguée, et dira d'elle, dans son éloquent et ferme langage : « Le crime fait la honte et non pas l'échafaud. »

Le soir qui suivit mon arrivée à Caen, je fus invité à un bal élégant donné par la femme du trésorier général, dans un bâtiment officiel. J'avais vu danser les gens du grand monde de Paris ; aussi je ne fus pas surpris de la grâce exquise qu'on déployait ici. La réunion était de près de quatre-vingts personnes, parmi lesquelles les juges du district et les principaux officiers de la garnison, en superbes uniformes.

Plusieurs jeunes femmes étaient belles, bien mises, et montraient leurs charmes à leur avantage. La partie la plus sérieuse et la plus âgée de la société jouait à la bouillotte, qui est à présent le jeu favori des Français. Plaire aux autres et à soi-même, tel est le principe qui préside en France à toutes les réunions. Un jeune officier élégant, qui s'était distingué à la bataille de Marengo, remarquant vers la fin de la soirée que les musiciens étaient un peu fatigués, joua une contredanse sur l'un de leurs violons, pendant qu'ils se rafraîchissaient. On essaya de la danser, mais, comme pour montrer quelle est la force de l'habitude, tous les efforts de grâce des danseurs échouèrent, comme si un sort fatal s'en fût mêlé. Il se trouvait là une petite fille de neuf ans, mise dans le dernier genre et qui ressemblait à la poupée d'une marchande de modes en renom. Cette enfant gâtée passait tous les matins une heure à sa toilette ; elle semblait quêter l'admiration, et sa folle mère était ravie quand, par hasard, on lui exprimait son admiration pour son impertinent et précoce rejeton. La soirée se termina par un beau souper, et l'on se sépara ravi au petit jour. Rien de plus flatteur que les frais que chacun me fit, en ma qualité d'Anglais.

Après quelques heures de repos, j'allai en nombreuse société à l'église Notre-Dame, où il y a un beau maître-autel. Le sacristain, un petit homme tout courbé, nous fit tous sourire, en dépit de la solennité du lieu (une jeune femme, qui allait se confesser pour la première fois le lendemain, ne put même garder son sérieux), en nous racontant que pendant la Terreur il s'était enfui avec la Vierge Marie dont il nous montrait la statue, et que, pour éviter les poursuites des agents de Robespierre, il l'avait cachée dans son lit pendant trois ans. Rien ne pouvait égaler sa joie de l'avoir sauvée et de l'avoir rapportée à sa place dans l'église. Grâce à l'extravagance de son excellent et dévoué protecteur, elle était revêtue d'une robe de mousseline blanche, semée d'argent; un petit bouquet de fleurs artificielles ornait son sein, et sa perruque était frisée et poudrée avec soin. L'Enfant Jésus qu'elle tenait dans ses bras était costumé de même; sa chevelure était frisée et poudrée; un petit chapeau à trois cornes était placé sur sa tête.

Notre heureux guide, dont les yeux brillaient de satisfaction intime, nous demanda si nous avions jamais vu une Vierge plus jolie et mieux habillée. La singularité de la conduite de cet homme nous amusa beaucoup, quoique je sois sûr qu'il n'avait jamais eu l'intention de nous choquer, car il avait risqué sa vie pour sauver cette statue.

De Notre-Dame, on se rendit à l'Abbaye aux hommes, bâtie par Guillaume le Conquérant. C'est un vaste édifice dont les clochers sont bien proportionnés et très élevés. Les piliers du chœur sont trop lourds, à mon humble opinion. On y faisait des préparatifs pour les grandes cérémonies de la Fête-Dieu. Un prêtre ornait de fleurs, dans la sacristie, la niche de la statue du Sauveur; nous lui offrîmes de belles roses mousseuses, qui sont très rares en France, et qu'il reçut avec politesse. Cette fête était célébrée, avant la Révolution, avec beaucoup de pompe. On s'apprêtait à la faire pour la première fois depuis la proscription du culte, qui avait entraîné la vente ou la fonte de tous les précieux ornements des prêtres. Près de l'autel, qui avait été brisé par la hache révolutionnaire, se trouve la tombe de Guillaume le Conquérant.

En revenant à l'hôtel, nous vîmes un grand rassemblement auprès du pont du Cours. Il était causé par un curieux combat entre deux mendiants aveugles qui avait duré près de six minutes. L'un d'eux prétendait être en possession de la place et repoussa l'usurpateur par la force. Tandis qu'on les séparait, j'allai rejoindre une agréable société chez M. J..., riche banquier de Caen, pour qui M. R..., le banquier de Paris, m'avait donné des lettres de recommandation.

Après un très agréable séjour à Caen, je repris ma place dans la diligence de Cherbourg. J'y trouvai une très aimable femme, ses deux filles, deux serins, un chat et ses petits, que j'eus pour compagnons pendant tout le trajet. Après Caen, le chemin devint très mauvais; notre lourde machine roulait souvent d'un côté à l'autre et nous menaçait, avec des craquements alarmants, du péril de verser. Enfin, j'arrivai à Bayeux, où je dînai chez un ami de ma belle compagne de voyage, qui m'avait invité sur un ton de cordialité auquel il était impossible de résister. Le dîner était excellent; on nous y servit les mets favoris des Français, le turbot froid et les artichauts crus. Après le dîner, une jolie jeune femme, la fille de la maîtresse de la maison, m'apporta avec une politesse quelque peu solennelle un grand verre plein d'une délicieuse liqueur forte; je ne fis qu'y goûter, et comme je le lui rendis, elle parut surprise et confuse à la fois. Sa mère, remarquant notre embarras mutuel, me dit qu'on croyait en France que les Anglais étaient sujets à l'ennui ou *tristesse de cœur* et qu'ils buvaient de larges rasades de vin et de liqueur pour combattre cette sombre maladie. Je réfutai autant que je pus cette opinion que l'on avait sur notre caractère national, sans pouvoir, je crois, la détruire tout à fait.

Lorsque nous eûmes visité la noble cathédrale gothique, la diligence était prête à partir. Nos compagnes de route furent reconduites à la voiture par leurs hôtes, et des embrassements furent échangés. Je saisis l'occasion, au moment de monter sur le marchepied, de dérober un de ces gages de politesse à la jolie jeune fille qui m'avait offert si courtoisement de la liqueur, en lui disant qu'on regardait toujours en Angleterre un baiser comme le meilleur remède pour la *tristesse de cœur*.

Nos petits chevaux normands trottaient de la bonne façon, et, quoiqu'ils fussent venus de Caen, ils nous conduisirent au delà des collines qui s'élèvent de l'autre côté de Bayeux. Les yeux communiquaient leur joie au cœur, en contemplant la vaste étendue des champs de blé qui, dans cette fertile province, ondulent de toutes parts en vagues jaunes, au-dessus desquelles s'élèvent, çà et là, dans des bouquets d'arbres, les paisibles et pittoresques demeures des fermiers. Cet aspect présentait un saisissant contraste avec le système agraire impolitique qui tend depuis peu à substituer en Angleterre de grands domaines aux petites fermes, et l'élevage du bétail au travail vivifiant de la charrue. Un écrivain célèbre, qui connaissait bien la véritable richesse des nations, a dit que celui qui peut faire naître deux épis de blé, là où il n'en poussait qu'un, rend plus de services à l'humanité que toute la race des politiciens.

Les routes de Normandie sont d'une largeur inutile; aussi de grandes surfaces de terrain restent sans culture. Une large route, comme tout ce qui est vaste, produit l'impression de la grandeur; mais dans ce fertile département, il faudrait se préoccuper un peu plus des intérêts de l'agriture. Cet état de choses provient peut-être de ce que l'attention des pouvoirs législatifs s'est peu portée sur les grands chemins, qu'on s'est plus préoccupé de rendre larges que de tracer d'une manière judicieuse et de réparer fréquemment (1).

Les auberges le long de la route sont très pauvres, quoique sur la porte de presque toutes les chaumières sont écrits en gros caractères les mots :

---

(1) Depuis que ce livre a été écrit, les Français ont réparé et amélioré leurs routes, de telle sorte qu'elles ne connaissent pas de rivales. (*Note de l'auteur.*)

Bon cidre de victoire. On ne trouve pas régulièrement des chevaux de poste. Le pays, de tous côtés, est accidenté et luxuriant; il ressemble beaucoup à certaines parties du Devonshire. Vers sept heures, nous arrivions à Saint-Lô, qui est, sans contredit, la ville la plus propre et la plus charmante que j'aie vue en France. Elle est fortifiée, et s'élève sur le sommet d'une colline, au pied de laquelle s'étend un riche paysage formé de plantations et de villages, au milieu desquels circulent les méandres de la Vire. Les habitants de cette cité semblent riches et aimables. Le soir, je soupai à table d'hôte avec plusieurs personnes agréables. Le lendemain, nous dînions à Valognes; et le soir, après avoir traversé de riches prairies et descendu une côte très rapide, la fraîcheur de l'air de la mer nous annonça l'approche de Cherbourg, où je descendis à l'hôtel d'Angleterre. Il m'avait coûté vingt-quatre livres pour venir de Caen, pour ma place et mon bagage, et les dépenses de la route avaient été très raisonnables. J'eus la bonne fortune de trouver un paquebot qui devait me ramener en Angleterre pour une guinée, nourriture comprise; mais, pensant que la cuisine d'un vaisseau français devait être plus sale, s'il était possible, que celle d'une auberge française, je résolus de me procurer des provisions pour ce petit voyage.

Cherbourg est une ville pauvre et sale. Après avoir tant entendu parler de ses fortifications et de ses travaux coûteux, ma surprise ne fut pas mince de trouver cette place si misérable. Elle est défendue par trois grands forts qui sont élevés sur des rochers dans la mer. Le fort central est à une lieue du rivage; il a une garnison de douze cents hommes. A une certaine distance, il ressemble à une grande batterie flottante. Sur la même ligne, mais séparée par des passages pour les navires, commence la célèbre digue et dont le travail étonne que l'on voit à peine à marée basse. Cet ouvrage surprenant, qui a six milles de long (1), et dont la largeur est en proportion, est composé de pierres massives et de maçonnerie, qui sont maintenant cimentées par les plantes marines, leur propre poids et leur cohésion, en une immense masse de roc. Une série de forts doit être élevée sur cette digue, aussitôt que les finances de l'État le permettront. Les dépenses ont déjà excédé, dit-on, cinquante millions. Ces travaux de défense si coûteux peuvent être regardés comme autant de monuments érigés par les Français au génie, et à la valeur de la marine anglaise.

Pendant que j'attendais le départ du paquebot,

(1) La digue a 3,780 mètres de long sur une base de 200 mètres.

je reçus beaucoup de politesses de M. C..., banquier et consul d'Amérique à Cherbourg, auquel m'avait recommandé M. R... Je me rendis à cheval, le second soir de mon arrivée, à sa maison de campagne, située à trois lieues de la ville. Le chemin traversait un pays accidenté et fertile. D'une hauteur, nous vîmes les îles de Guernesey, de Jersey et d'Aurigny, qui faisaient un bel effet sur la mer. A notre retour, par une autre route, je fus charmé à la vue d'un groupe de chaumières, abrité dans un joli bois à travers les percées duquel on apercevait la mer, illuminée de la manière la plus brillante par le soleil couchant. Au moment où nous entrions dans cette scène de repos rustique, la cloche de la petite église du village sonnait l'*Angélus*, et, peu après, plusieurs villageois apparurent sur le porche, avec leurs livres de prières dans la main; leur physionomie respirait le bonheur et resplendissait sous les rayons du soleil couchant, qui frappaient directement sur eux. Le charme de ce simple tableau suspendit notre course pendant quelque temps. A l'ombre de tilleuls, sur une pelouse en pente, les heureux villageois terminaient leur soirée en dansant au son des flûtes les plus douces que j'aie jamais entendues, et qui étaient jouées alternativement par plusieurs musiciens qui se relevaient successivement. En France, tout homme est musicien. La charmante description de Goldsmith, dans son *Auburn*, me revint à la mémoire :

> Quand l'heure du travail cède à celle des jeux,
> Chacun des villageois, libre de ses ouvrages,
> Accourt se délasser sous les épais ombrages.

Les chemins de traverse, en France, sont très mauvais ; mais, à ma grande surprise, quoique je n'en aie jamais rencontré un pire échantillon, le cheval de charrue normand sur lequel j'étais monté me fit franchir les plus profondes ornières et les escarpements abruptes aisément et sûrement.

Je m'embarquai, avec une brise favorable. Le pont du vaisseau paraissait couvert d'un bout à l'autre de pain chaud fumant, destiné à l'alimentation de six hommes et d'une femme pendant une traversée qui devait durer moins de trente heures...

Je ne pus cependant m'empêcher de comparer les habitudes des Anglais à celle des Français. Le matelot anglais croit que sa ration de bœuf salé ne peut être digérée sans être arrosée largement de spiritueux, tandis que le Français se contente d'une petite soupe maigre, d'une quantité immodérée de pain, et pour tout breuvage, d'eau, de cidre médiocre ou de vin peu généreux.

CHAPITRE XIII

Réflexions générales.

Le fait peut paraître de prime abord singulier. Deux des plus grandes nations de la terre, dont les rivages se touchent presque et auraient été autrefois unis, s'il faut en croire les anciennes traditions, se traitent aujourd'hui mutuellement d'étrangères...

Les événements qui se sont passés en France depuis onze ans ont aggravé cette séparation et, pendant ce long et triste espace de temps, ont totalement changé le caractère national... La Révolution a appauvri et découragé les hautes classes, rendu les classes inférieures violentes et insolentes ; tandis qu'une troisième classe a surgi, silencieusement et rapidement, au-dessus des autres, sans participer du caractère original de l'une et de l'autre, dominée à des degrés différents par les principes de l'intérêt et la vanité de la richesse.

Naguère encore les anciens et les modernes Français étaient aux antipodes ; ils se rapprochent aujourd'hui sous un gouvernement qui, au point de vue de la sécurité et même de la modération, ne peut être comparé à aucun autre, depuis la chute de l'ancien régime. La France, comme l'enfant prodigue, après s'être livrée à tous les excès, est revenue, vaincue par la misère, à l'ordre et à la civilisation. Malheureux peuple, ses larmes ont effacé ses fautes... Qui ne le plaindrait, à voir son changement, à entendre les récits de ses malheurs? Et cependant, fait étrange à constater, au milieu de leurs plaintes et de leurs souffrances, les Français rappellent avec enthousiasme les exploits de ces hommes dont l'ambition héroïque a foulé aux pieds leurs meilleures espérances et la prospérité la plus grande. Éblouis par l'éclat des flammes qu'ils ont allumées, ils oublient que leur propre demeure en a subi les atteintes et que la triste grandeur du tableau en a été augmentée. De là peut-être ce singulier mélange de regrets et de gaieté qui forme un vif contraste avec l'apparence plus solennelle de la tristesse anglaise... Les terribles expériences qu'ils ont faites, les ambitions féroces qui se sont déchaînées, avaient amoindri leur condition, brisé leur énergie et les ont rendus incapables de continuer la lutte et de recouvrer leur ancien caractère. Ils ont été trouvés dans cet état par un homme qui, en s'appuyant sur les précédents de l'histoire ainsi que sur le sabre, s'est emparé du pouvoir absolu, sans s'être souillé d'un régicide comme Cromwell; partant de cette conviction qu'une autorité sans conteste pouvait seule apaiser un peuple si nombreux et si divisé qui, dans la poursuite d'un fantôme fatal, avait été accoutumé au changement et depuis longtemps déshabitué de la subordination. Un gouvernement militaire, comme celui de la France, ne présente qu'un sujet stérile pour les réflexions d'un observateur. Quand le sabre est converti en sceptre, la science du législateur est courte, simple et décisive. Sa force n'est pas amortie par des distinctions abstraites, ni par les lenteurs ordinaires de la délibération.

Une grande partie de la population participe du caractère de l'État. La baïonnette brille perpétuellement devant ses yeux. La remarque peut être regardée comme un peu risible; mais, dans la capitale, presque chaque homme qui n'est pas myope est soldat, et chaque soldat de la République se considère comme un ministre d'État subordonné. Bref, toute l'organisation politique est un système perfectionné du service du temps de la chevalerie. Sept siècles se sont écoulés, et l'on croit voir à travers les ombres du temps apparaître le vaillant cimier du héros normand, la visière levée, agitant ses plumes noires, comme pour approuver d'une manière terrible la nouvelle, gaie et brillante féodalité.

Quand on s'empare du pouvoir, on est peu disposé à l'abandonner. Faible est l'espoir que le temps restaurera la famille royale de France sur le trône de ses ancêtres. De cette auguste et malheureuse famille, le prince de Condé est le seul membre dont les Français parlent avec estime et avec éloge (1).

Le trésor de la France ne déborde pas, comme on peut s'y attendre, mais ses ressources peuvent être bientôt considérables... Le gouvernement actuel n'a pas eu encore le temps de digérer et de perfectionner un système financier capable de subvenir aux besoins de l'État par des taxes indirectes et peu onéreuses. La sagesse et le génie doivent longtemps et fortement s'évertuer pour faire disparaître les ruines de la Révolution. Tout effort pour relever le crédit public a été fait jusqu'à présent de main de maître, et donne une grande confiance pour le succès des mesures qui seront prises à l'avenir.

Les armées de la République sont immenses; elles ont été jusqu'à présent payées et entretenues par les pays qu'elles ont conquis; à moins qu'elles

---

(1) Louis-Joseph de Bourbon, prince de Condé, aïeul du duc d'Enghien, fusillé à Vincennes, le 21 mars 1804.

ne soient employées, leurs besoins seront un embarras pour le nouveau système financier. Ce grand corps d'hommes payés très médiocrement est uni par le souvenir de sa gloire et par le fier sentiment de former une portion considérable du gouvernement; c'est une pensée qui est chère à tout soldat français. Leur discipline leur inspire même de l'orgueil; un condamné militaire n'est pas sujet à une punition infamante; il est châtié comme soldat. La prison ou la mort seuls le privent de son rang. Il n'est pas lacéré sous les coups d'un fouet ignominieux, dont les blessures le font languir dans les sombres salles des hôpitaux militaires.

. En examinant l'état présent de la France, l'esprit libéral en signalera beaucoup d'aspects avec plaisir et suspendra son jugement jusqu'à ce que la sagesse et le génie aient fini leur tâche et l'aient imposée au peuple.

... Puisse cet être extraordinaire dans les mains duquel le sort de millions d'hommes est déposé... rendre à un pays pendant longtemps dévasté par la guerre et les révolutions, et languissant au milieu des monuments de la gloire, les bienfaits d'une tranquillité durable! Mais cet espoir sera stérile, si tous les pays de l'Europe doivent être réunis sous un seul empire, si leurs princes sont condamnés à orner le triomphe du chef de cette grande République, qui s'élève maintenant au-dessus des nations voisines comme la pyramide du désert ; pour nous, qu'avons-nous à craindre, puisque l'Océan qui nous sépare sera notre défenseur ?

Quand on interroge un Français éclairé sur ce qu'il pense de son gouvernement, il répond : « Nous avons besoin de repos... » Même ceux qui ont profité de onze ans de désolation, sont prêts à reconnaître que la guerre n'est pas un passe-temps et que ses horreurs ne s'atténuent pas en se familiarisant avec elles. Le soldat, fatigué sous le poids de sa tâche, soupire après les ombrages de son village natal et après l'heure qui le rendra à sa famille.

Je suis heureux de constater qu'en France, comme en Angleterre, toutes les classes n'ont qu'un désir, c'est que deux nations aussi braves, aussi dignes de s'estimer réciproquement, puissent devenir enfin assez sages et assez vertueuses pour éviter ces explosions d'hostilités furieuses qui ont souillé de sang tant de siècles.

La paix est le joyau dont l'Europe se pare. Puissent la défaite et le déshonneur être le partage des êtres ambitieux et impolitiques qui voudraient ou désireraient le lui arracher !

APPENDICE

I

DESCRIPTION DE LA MALMAISON

PAR JAMES FORBES.

La description détaillée de la Malmaison, que nous donnons, complète ce que dit John Carr de ce château célèbre. Elle est tirée du second volume (p. 171-175) des *Lettres de France*, de James Forbes. Celui-ci, comme nous l'avons vu, était l'aïeul du comte de Montalembert, qui naquit à Londres, le 10 mai 1810, du comte de Montalembert et d'Élisa-Rosée Forbes. Le grand orateur catholique porta même le nom de sa mère et est désigné dans les biographies sous les noms de Charles Forbes, comte de Montalembert.

J'ai rarement vu, dit Forbes, un château plus remarquable dans son élégante simplicité que la Malmaison. Le goût que témoignent son mobilier et son ornementation peut dépendre de ses propriétaires; mais elle doit son extrême propreté à la gouvernante anglaise qui en a soin et qui nous en fit les honneurs. On entre dans la propriété par une grille qui donne sur la route de Paris à Saint-Germain ; beaucoup plus loin, au delà de jeunes plantations, se trouve la seconde porte. Nous nous dirigeâmes de là vers la maison, à travers des rangées de très grands orangers, dont chacune des caisses porte le nom d'une muse, d'un héros ou d'une divinité mythologiques. Les orangers étaient peuplés de singes, de cacatois, de perroquets et d'autres oiseaux, qui sont les favoris de Mme Bonaparte.

La façade est simple et nue ; elle consiste au centre en neuf fenêtres, sous un toit de tuiles, avec deux petites ailes ; les murs sont en stuc et de couleur jaune ; et sur huit piliers entre les fenêtres du rez-de-chaussée s'élèvent des statues de marbre de l'Apollon du Belvédère, de la Vénus de Médicis et d'autres modèles antiques. Le vestibule est dans le style d'un pavillon turc surmonté de lances avec le croissant ottoman de chaque côté ; des trophées d'armes y sont suspendus. De grandes portes à deux battants garnies de glaces réfléchissent l'allée d'orangers et ouvrent dans le salon, pavé en marbre, où dînent les aides de camp. La porte à gauche mène à la salle à manger de famille, aussi pavée en marbre, avec quelques bonnes peintures et un mobilier simple ; sa principale ornementation consiste en huit trophées d'armes anciennes, peints en bas-reliefs et copiés d'après des trophées phrygiens, parthes, grecs, romains, daces et gaulois. La chambre du conseil, ornée de quelques tableaux et d'un portrait de Frédéric le Grand, sépare la salle à manger de la bibliothèque, qui termine cette partie de la maison. Cette dernière est une pièce digne d'intérêt, garnie sans ostentation et remplie de livres, de globes, de cartes et d'instruments scientifiques ; des bustes des meilleurs auteurs anciens et modernes sont peints en médaillons sous les arcades ; Tacite fait pendant à l'abbé Raynal. Il semble y avoir un choix judicieux de livres en différentes langues. Des dessins pleins d'entrain des batailles des Pyramides et de Marengo étaient sur les tables avec plusieurs portefeuilles de cartes, de dessins et de manuscrits.

Comme la construction est simple, nous sommes passés de nouveau dans ces chambres, et, traversant le salon, nous avons pénétré dans les appartements placés dans l'autre partie du château ; par le nombre et la dimension ils correspondent aux autres, mais ils sont meublés dans dans un style plus élégant, avec des satins, des velours, des soieries de Lyon sous des housses blanches ; les porcelaines décoratives, les vases étrusques, les statues de bronze, les mosaïques florentines sont tous dans le plus haut goût. Les tableaux de la galerie appartiennent particulièrement aux écoles italienne et flamande ; ceux du salon sont des portraits de beys et de mameluks par un artiste français qui accompagna Bonaparte en Égypte. Parmi les plus petites décorations de cette pièce sont de nombreuses curiosités provenant de la Chine et du Japon, particulièrement de beaux paniers et des balles, tous en ivoire, ainsi que le modèle d'une jonque chinoise ; une vitrine renferme une réduction en miniature de tous les navires de la marine française ; auprès d'eux est celui d'un bateau plat, avec tout son armement, jusqu'aux hommes et aux chevaux. Je ne dois pas oublier, parmi les tableaux, une marine représentant une frégate cinglant vers la côte de France ; une lueur venant du ciel lance un rayon sur le vaisseau qui rentre au port. C'est l'étoile de Bonaparte, le conduisant des rives de l'Égypte au port de

Fréjus, où il débarqua le 8 octobre 1799. Je ne me souviens que d'un portrait au crayon du premier consul, d'un fini exquis et d'une ressemblance saisissante, dont il existe une bonne gravure; il est simplement vêtu, se promenant dans les jardins de la Malmaison; près de ce tableau est un autre portrait de Frédéric le Grand.

On nous conduisit aussi au premier étage, dans les appartements de Mme Bonaparte; ils consistent en chambre à coucher, boudoir, cabinets de toilette et d'aisances, formant une suite complète et élégante; le lit était de mousseline blanche, sous des rideaux de gaze, avec franges et glands, qu'on pouvait relever en festons ou laisser retomber en draperies flottantes; les riches sièges, les tabourets et les rideaux étaient sous des housses blanches. La décoration attestait un goût supérieur uni à un confortable complet; une large glace entre les fenêtres réfléchissait un grenadier à fleurs doubles, de grandeur naturelle; une des plus complètes déceptions que j'aie eues. Les cabinets, les commodes et les porcelaines des chambres intérieures unissaient l'élégance à la simplicité; en dépit de la mode française des chambres à part, le premier consul et sa femme reposent sous le même baldaquin. Ils sont bons pour leurs serviteurs et attentifs au confort domestique dans leur cercle de famille.

Les jardins ne sont pas très étendus, mais les limites en sont bien dissimulées; une allée irrégulière conduit de pelouse en pelouse à une volière contenant des faisans dorés et argentés et d'autres oiseaux étrangers. Elle serpente ensuite sur le bord de petits lacs et de ruisseaux descendant des collines voisines. Des rochers sauvages, des cascades et des ponts rustiques, ombragés par des bosquets, varient le paysage. Cette allée nous mena à une large avenue, sur le penchant d'une colline, près d'un lac bordé de saules pleureurs et de plantes aquatiques, asile des oiseaux d'eau, parmi lesquels deux beaux cygnes noirs, dont les becs rouges et les plumes blanches sous les ailes contrastent avec leur sombre plumage. Tout le domaine de la Malmaison contient environ deux cents acres, mais l'exiguïté des jardins d'agrément nous dispense d'une plus ample description.

Si les jardins potager et fleuriste n'offrent rien de particulier, les serres chaudes contiennent les plus belles collections de plantes exotiques que j'aie vues sur le continent. Le reste de la propriété est en vignes, en terres labourées et en prés, où se trouvaient quelques vaches suisses d'une taille peu commune et plusieurs moutons étrangers.

II

BIBLIOGRAPHIE

DES OUVRAGES DES VOYAGEURS ANGLAIS EN FRANCE APRÈS LA PAIX D'AMIENS.

CARR (sir John). — *The stranger in France or a Tour from Devonshire to Paris*, 1803, in-4° de 261 p. (Prix : 21 shellings.) 2ᵉ édition, Londres, 1807, in-8° de 374 p.

Avec gravures à l'aquatinte d'après des esquisses de l'auteur prises sur les lieux. — D'après le *Bibliographer's manuel* de Lowndes, cet ouvrage aurait été réimprimé en 1809.

Sur les autres voyages de Carr traduits en français, voir *la France littéraire*, de QUÉRARD, t. II, p. 60.

EYRE (Edmund-John). — *Observations made at Paris during the peace and Remarks in a tour from London to Paris through Picardy and to England by the route of Normandy*... Bath, 1803, in-8° de 393 p. (Frix : 1/2 guinée, broché.)

Eyre (1767-1816) s'intitule « antérieurement de Pembroke-Hall, Cambridge, maintenant des théâtres royaux de Bath et de Bristol, auteur de plusieurs œuvres dramatiques et poétiques ».

FORBES (James). — *Letters from France written in the years 1803 and 1804, including a particular account of Verdun and the situation of british captives in that city.* Londres, 1806, 2 vol. in-8° de 428 et 454 p. (Prix : 12 sh.) (Bibl. nationale, L²⁹ 122.)

Les vingt premières lettres du premier volume, jusqu'à la p. 214, sont relatives aux Pays-Bas. Chaque volume est orné à la première page d'une vue de Verdun, gravée par Lewis, d'après Forbes.

HOLCROFT (Thomas). — *Travels from Hambourg through Wes-*

phalia, Holland and the Netherlands to Paris, 1804. 2 vol. in-4°, avec superbes gravures, vignettes, etc., 1,010 pages. (Prix : 5 liv. 5 sh., et sur grand papier, avec les gravures réunies en album, 8 liv. 8 sh.)

Une autre édition de cet ouvrage a paru à Glasgow, en 1804, en 1 vol. in-8°. Il a été traduit en allemand, en 1806, par J.-A. Bergk. (Voir LACOMBE, *Bibliographie parisienne*, n° 458.) Le livre d'Holcroft a été analysé, avec de nombreux extraits, dans *A collection of modern and contemporary voyages*, publiée chez Philipps, à Londres, sous la direction de Pinkerton (t. II, 1806, 84 p.).

L'édition in-4° renferme dans ses appendices de curieuses pièces en français, telles qu'une complainte sur la vie héroïque du consul Bonaparte, le Catalogue de l'Exposition des produits de l'industrie de l'an IX, une Instruction de la jeunesse, etc. Le second volume contient la traduction de deux proverbes de Carmontelle.

HUGHES (Reverend W.). — *A Tour through several of the midland and western departements of France, in the months of june, july, august and september* 1802. London, in-8° de 246 p. (Bibl. nationale, L ^{19} 14.)

Avec quatre planches.

KING (Isaac). — *Letters from France written in august, september and october* 1802. Londres, 1803, in-8°. (Prix : 5 sh.)

Mentionné par WATT, *Bibliotheca britannica, Authors*, p. 570. L'auteur est qualifié de *squire of Wycombe*.

KING (Mrs Frances Élisabeth). — *A Tour in France*. Londres, 1803, in-12.

L'auteur (1757-1821), fille de sir Frances Bernard, avait épousé un clergyman, Richard King, qui a publié plusieurs livres de théologie. Elle-même a écrit quelques ouvrages édifiants. Nous ne connaissons son *Tour en France* que par la mention qu'en fait la *Biographie nationale* anglaise, de Sidney LEE.

LAWRENCE (James-Henry). — *A picture of Verdun or the English retained in France*, 2 vol., 1810.

Lawrence (1773-1840), poète, avait publié en 1800, en allemand, un roman qu'il traduisit lui-même en anglais et en français. Après 1814, il passa une grande partie de sa vie sur le continent.

LEMAISTRE (J.-G.) — *A Rough sketch of modern Paris or Let-*

ters on society, manners... in that capital, written during the last two months of 1801 *and the first five of* 1802. London, 1803, in-8°. (British Museum.) — *Travels after the peace of Amiens through parts of France, Switzerland, Italy and Germany*, 1806, 3 vol. in-8°. (Prix : 24 sh.) (Bibl. nationale, G, 11,190.)

Le second de ces ouvrages, dédié au prince de Galles, ne contient que dix-sept pages relatives à la France; elles s'appliquent à la route de Paris à Lyon.

MACLEAN (Charles). — *An excursion in France and other parts of the continent of Europe, from the cessation of the hostilities in* 1801 *to the* 13 *th of december* 1803. Londres, 1804, in-8° de 304 p.

MORRICE (David). — *A view of modern France and british traveller's guide from London to Paris*, 1803, in-8°, avec cartes et une gravure. (WATT, p. 685.)

David Morrice, maître de pension, a publié aussi plusieurs ouvrages pédagogiques. Le catalogue du British Museum cite aussi : *A Practical guide from London to Paris*, 1802, in-12.

OPIE (Mrs Amelia).

Le récit de son voyage à Paris en 1802 a été publié dans le *Tait's Magasine*, 1831, IV. Amelia Opie, romancière et poète (1769-1853), épouse du peintre John Opie, vit à Paris Fox, Kosciusko, Talma, etc. (*National Biography*.)

PINKERTON (John). — *Recollections of Paris in the years* 1802-3-4-5. Londres, 1806, 2 vol. in-8°. (Lacombe, n° 459.) (Bibl. nationale, L K⁷ 6077.)

John Pinkerton, mort en 1826, était né à Edimbourg en 1758; il publia de 1807 à 1814 une *Collection de voyages* en dix-sept volumes avec gravures.

PLUMPTRE (Anne). — *A narrative of a three years residence in France, principally in the southern departements, including some authentic particulars respecting the early life of the French empereur*, 3 vol. in-8°. Londres, 1810, I, xx, 448 p. — II, 466 p. — III, 448 p. (Bibl. nationale, L¹⁰ 15.)

Le premier volume, de la p. 211 à 219, concerne Paris. Le deuxième est entièrement consacré à Marseille et à la Provence. Le troisième traite de la route de Marseille à la Bretagne et du caractère de Bonaparte (p. 240 à 404).

Fille du président du collège de la reine à Cambridge, Anne Plumptre (1760-1818) a traduit de nombreux ouvrages allemands et publié des romans, comme sa sœur Annabella. Elle a traduit aussi une *Histoire de la peste de Marseille en* 1720.

SHEPHERD (Reverend William). — *Paris in eighteen hundred and two and eighteen hundred and fourteen*, 2ᵉ éd. Londres, 1814. (Lacombe. Bibl. nationale.)

Les cent vingt-quatre premières pages sont consacrées à *Paris en* 1802.

STEWARTON. — *The Belgian traveller; or a Tour through Holland, France and Switzerland in* 1804-1805-1806, 4 vol. in-12. (WATT, p. 881.)

Stewarton est aussi l'auteur d'une *Histoire secrète de la cour et du cabinet de Saint-Cloud*, 3 vol. in-8°, 1806; du *Plutarque révolutionnaire*, 3 vol., 1804; du *Plutarque révolutionnaire des femmes*, 1806, 3 vol.; des *Mémoires de C. M. de Talleyrand Périgord*, 1805, 2 vol.

TAPPEN (Georges). — *Professionnal observations on the architecture... in France and Italy; with Remarks in the painting and sculpture, and a concise Description of these countries written from sketches and memorandum in a visit in the years* 1802 *and* 1803. Londres, 1806, in-8°. (Prix : 10 sh. 6 d.) (WATT, p. 894.)

Austin Allibone, dans son *Dictionnaire critique*, fait de cet ouvrage deux livres distincts, dont le premier intitulé : *Tour through France and Italy*, in-8°, aurait été publié en 1804.

THORNTON (colonel). — *A sporting tour through various parts of France in the year* 1802... Londres, 1806, 2 vol. in-4°, de 434 p. Illustré de plus de quatre-vingt sujets dessinés d'après nature par M. Bryant et autres artistes éminents. (Prix : 73 sh. 6 d.)

Traduit en français dans la *Revue britannique*, livraisons de janvier à juin 1894, avec une préface de M. Amédée Pichot.

Thomas Thornton avait publié, en 1804 et 1805, « *A sporting tour* » *dans le nord de l'Angleterre et une grande partie des highlands de l'Écosse.*

TROTTER (John-Bernard). — *Memoirs of the later years of... Charles James Fox.* Londres, 1811, in-8° de 536 p. (Bibl. nationale, Nx 507.)

Ces *Mémoires* sont en grande partie consacrés au voyage de Fox en France, dans l'été de 1802 (p. 36 à 71, 165 à 352). Trotter, secrétaire de Fox, a publié quelques autres écrits.

WESTON (Stephen). S. W. — *The Praise of Paris or a sketch of the french capital in extract of letters from France in the summer of* 1802... Londres, 1803, in-8° de 186 p. (Voir Lacombe, n° 431.)

Le révérend Stephen Weston (1747-1830), a publié depuis d'autres ouvrages sur Paris et la France : *A slight sketch of Paris*, 1814. — *Two sketches of France, Belgium and Spain in two tour*, 1771, 1816-1817. — *A Trimester in France and Switzerland*, 1821. — *Visit to Vaucluse*, etc., 1822. — *Englishman abroad*, 1824. (Voir ALLIBONE, *Dict. of english literature*.)

WILLIAMS (Helen-Maria). — *Sketches of the state of manners and opinion in the french republic at the end of the eighteen century.* London, 1801, 2 vol. in-8°.

Quoique cet ouvrage soit antérieur à la paix d'Amiens, nous le faisons figurer dans cette bibliographie, parce que l'auteur en a publié beaucoup d'autres sur notre pays. On en trouvera la nomenclature dans le *Dictionnaire critique de littérature anglaise*, d'ALLIBONE. Le livre ci-dessus mentionné a été traduit en français, l'année même de sa publication, par Mme Grandchamp (2 vol. in-8°). Miss Williams, née en 1762, est morte à Paris en 1827.

WILLIAMS (Thomas). — *State of France during the years* 1802, 1803, 1804, 1805 *and* 1806, *comprising a description of customs and manners of that country together with observations on its government, finances, population, agriculture, religion, public schools, conduct towards English prisoners and internal commerce*, 1807, 2 vol. petit in-8° de 420 p. (Prix : 12 sh.)

De nombreux extraits de ce voyage ont été donnés dans la *Collection des voyages modernes et contemporains*, publiée par PHILIPPS, à Londres, 1803 (t. VIII, 118 p.). Williams est resté à Paris du 29 juin au 26 août 1802; il y est revenu plusieurs fois.

WORSLEY (Israël). — *Account of the state of France and its government during the last three years, particularly as it has relations to the Belgic provinces and the treatment of the English.* London, 1806, in-8°. (Prix : 5 sh.) (WATT, p. 983.)

Worsley a publié en 1814 des extraits des plus célèbres écrivains français.

WRIGHT (William). — *A narrative of the situation and treatment of the English arrested by order of the french government at the commencement of hostilities, with an account of the author's escape in a trunk.* Londres, 1803, in-8°. (Prix : 1 sh.) (WATT.)

YORKE (Henry Redhead). — *Letters from France in 1802.* Londres, 1804, 2 vol. in-8° de XVI-354, VI-394. (Prix : 15 sh.)

Yorke a publié aussi des *Éléments des connaissances civiles* (1802), et la *Vie des animaux de Campbell*. Il annonce dans la préface de son livre qu'il a un *Voyage en Suisse* sous presse, et ailleurs (t. II, p. 59), qu'il prépare un *État moral et politique de la France comparé avec l'ancien régime et avec la Grande-Bretagne*, où il se propose de guérir ses compatriotes de la manie de visiter Paris, « cette diabolique métropole ».

ANONYMES.

A few days in Paris with Remarks caracteristics of several distinguished personages. Londres, 1802, in-8° de 60 p.

A la suite de l'exemplaire, qui appartient à M. Paul Lacombe, qui a bien voulu nous le communiquer, est relié un manuscrit de vingt-neuf pages intitulé : *A few days more by the author of the first few days in Paris*, 1804. C'est surtout une réfutation d'un article du *Monthly Magazine*, de décembre 1802, qui reprochait à l'auteur d'être imbu des plus violents préjugés nationaux contre la France.

Journal of a party of pleasure to Paris in the month of august 1802, with 13 views from nature. Londres, 3° éd., 1814. (Lacombe, n° 429.)

Paris as it was and as it is; or a skecht of the French capital in a series of letters written by an English traveller during years 1801-1802. Londres, 1804, 2 vol. in-8° (1).

Paris tel qu'il était et tel qu'il est a été traduit en allemand, en 3 vol. in-8°, publiés à Leipzig en 1805. (Voir Lacombe, nᵒˢ 430 et 455.) L'auteur anonyme a résidé en France d'octobre 1801 à mai 1802. Le Catalogue du British Museum attribue cet ouvrage à F.-W. BLAGDON, mais en faisant suivre ce nom d'un point d'interrogation. François-William Blagdon, professeur de langues étrangères, a publié de nombreux voyages et traduit en 1803 le voyage fait en Égypte par Denon, à la suite du général Bonaparte.

Present state of France by an English gentleman who escaped from Paris in the month of may last. — 1805, in-8°.

Ouvrage cité dans la *Bibliographia del blocco continentale*, par Alberto LUMBROSO, qui mentionne aussi le livre anonyme suivant: *Memorable events in Paris from the journal of a prisoner on parole from 1803 to 1814.* — 1828, in-8°.

Travels from Paris through Switzerland and Italy... in the years 1801 and 1802... by a native of Pensylvania. London, 1808, in-8° de 280 p.

Analysé dans *A collection of modern... Voyages,* t. IX.

(1) On doit mentionner aussi, parmi les livres sur Paris publiés à Londres, une traduction anglaise des *Lettres d'un Mameluck,* de LAVALLÉE, 2 vol. in-12. (Lacombe, n° 435.)

III

NOTE ICONOGRAPHIQUE

Il nous semble intéressant de faire connaître les sujets des gravures qui ont illustré les relations de voyage des Anglais en France, ainsi que de quelques autres estampes qui se rattachent à leur séjour et aux sujets qu'ils ont traités.

Voici les titres des gravures et des livres qui les contiennent.

CARR (sir John). — *L'Étranger en France.* Douze gravures à l'aquatinte, ton de sépia, dessinées par sir John Carr, gravées par W.-J. Bennett, publiées le 19 avril 1803, par J. Johnson.

1. Torr Abbey. — 2. Southampton. — 3. Phare du Havre. — 4. La diligence de Paris. — 5. Une Cauchoise. — 6. Rouen vu du Mont Sainte-Catherine. — 7. Ruines de la ferme de la reine au Petit Trianon. — 8. Bagatelle au Bois de Boulogne. — 9. Musée des monuments français. — 10. La Malmaison. — 11. Caen. — 12. Cherbourg.

Journal d'une partie de plaisir à Paris en août 1802.

Les treize gravures à l'aquatinte de ce volume sont exécutées avec un certain sentiment artistique, mais sans grande précision, sauf celle de la *Valse*, plus fine que les autres. En voici les sujets :
1. Jetée de Douvres. — 2. Cour de l'hôtel Dessin à Calais. — 3. Diligence et cabriolet français. — 4. Un cheval de poste et deux postillons. — 5. Ruines de l'église Notre-Dame à Montreuil. — 6. Breteuil. — 7. Le palais des Tuileries. — 8. Le Pont Neuf. —

9. Quai des Orfèvres. — 10. Porte de l'arsenal de la Bastille. — 11. La Valse. — 12. Jardin anglais du Petit Trianon. — 13. Vue prise du sommet de l'aqueduc de Marly.

HOLCROFT. — *Voyages de Hambourg à Paris.*

L'illustration de ces deux volumes se compose de vingt-quatre vignettes en taille douce placées à la fin de certains chapitres et de douze grandes gravures, sur cuivre, formant un album séparé, in-folio oblong.

Les vignettes ont été publiées par Philipps, le 1er septembre 1803. Les cinq premières concernent la Hollande; les autres sont consacrées à Paris. Elles représentent : 1. Le Pont Neuf. — 2. La salle des Jacobins. — 3. Le jardin du Palais-Royal. — 4. La marchande de tisane dans le jardin des Tuileries. — 5. La bouquetière. — 6. Le Collège Mazarin. — 7. La ravaudeuse. — 8. Une paysanne vendant son beurre. — 9. La laitière. — 10. Une blanchisseuse sur la Seine. — 11. La prison du Temple. — 12. Médaillon de Bonaparte. — 13. La porte Saint-Denis. — 14. Le palais de justice. — 15. Façade de Notre-Dame. — 16. L'Odéon. — 17. La chambre des Comptes et la Sainte-Chapelle. — 18. La Sorbonne. — 19. Le palais de Versailles.

Les gravures, exécutées avec moins de finesse que ces vignettes, ne portent pas non plus d'indications de noms d'auteurs et de graveurs. Elles sont signées seulement du nom de l'éditeur Philipps, avec la date du 1er octobre 1803; mais elles sont l'objet dans le premier volume d'Holcroft, d'un texte explicatif assez détaillé.

En voici les sujets : 1. Vue méridionale du Louvre, d'après une peinture de Demachy, antérieure à la Révolution. — 2. La façade du Louvre (marchands ambulants, montreur d'images au premier plan). — 3. Entrée des Champs-Élysées et place de la Concorde (voitures et cavaliers). — 4. L'école militaire et l'église des Invalides (vue prise de la place de Breteuil; cabriolet, mameluck, invalides). — 5. Les Tuileries, le pont de la Concorde, le palais du corps législatif, vue prise du quai du Cours la Reine. — 6. Vue de la place de la Concorde, prise du pont. — 7. Le jardin et la façade occidentale des Tuileries (promeneurs). — 8. Le jardin des Tuileries; au fond, l'avenue des Champs-Élysées. — 9. Le palais des Tuileries et la place du Carrousel. Nous avons donné une reproduction de la partie centrale de cette gravure, où l'on voit le cortège de Mme Bonaparte. Dans cette reproduction, on n'aperçoit pas les chevaux de Venise, qui sont placés isolément sur les pilastres de deux portes latérales aménagées dans la grille, séparant la cour de la place; mais on pourrait discerner les quatre coqs aux ailes étendues qui ornent les piliers en forme de faisceaux des portes centrales. — 10. Le jardin du Luxembourg (reproduit en partie). — 11. Vue de Paris prise du boulevard du Sud. — 12. Vue de Paris prise de Montmartre. Ces deux dernières gravures ont été reproduites dans l'édition allemande.

THORNTON. — *A sporting tour. Voyage d'un sportsman.*

Il serait trop long d'énumérer les soixante et une gravures hors texte et les dix-huit vignettes qui illustrent cet ouvrage. Les gravures sont assez largement traitées à l'aquatinte par Merigot, la plupart d'après des dessins de Bryant. Ce sont surtout des vues de villes ou de paysages, mêlées à quelques études de détails pittoresques, à des types intéressants ou à des scènes de mœurs. Parmi les vues citons : La forêt de Pontchartrain, trois vues de Dieppe, trois vues de Rouen, une vue sur la Seine près de Rouen, une autre près de Vernon, vue prise de la terrasse de Saint-Germain, deux vues de Versailles, deux d'Ermenonville, le pont de Blois, Tours, Montbazon, bords de la Loire, lac près de Cheverny, deux vues de la forêt de Fontainebleau, bois de Boulogne, Château-Thierry, route de Trois Fontaines, environs de Beaulieu, deux vues du château de Chantilly, le marché des Innocents à Paris, les châteaux du marquis de Conflans, de M. Le Mercier, de Navarre, de Chanteloup, de Mereville, de Jægerbourg.

Les scènes et croquis de voyages présentent des études et des esquisses prises sur le paquebot, des dessins de types et de costumes pris à Dieppe et à Vernon, de diligences, de chevaux, de bétail, et même de grandes bottes de postillons. Il y a aussi quelques planches relatives à la chasse. Douze dessins sur les petits métiers de Paris, sont particulièrement intéressants ; ils représentent un scieur de bois, un porteur d'eau, une harengère, un fort de la halle, des musiciens ambulants, un décrotteur, une marchande de marrons, des blanchisseuses, une ravaudeuse, un marchand de coco, une marchande de raisins et un commissaire. Nous avons reproduit deux de ces dessins, les musiciens ambulants et la ravaudeuse.

Parmi les vignettes, mentionnons un sabot de Dieppoise, un chapeau de paysan, une cabane de berger, une marchande de poissons à la halle de Paris, etc.

J'ai cité, p. 43, une aquarelle représentant les *Anglais au Café Borel*. Cette année, on a pu voir à l'exposition des trois Vernet, une jolie aquarelle, provenant de la collection Decloux et signée C. Vernet, 1802, qui figure plusieurs promeneurs, parmi lesquels quatre anglais, dont l'un, vu de dos, en uniforme rouge. Au-dessous sont écrits ces mots : « Ah ! c'est bien ça ! » Carle Vernet est aussi l'auteur de la *Promenade anglaise*, gravée par Debucourt, mais qui paraît dater de 1815.

Je mentionnerai, comme pouvant se rattacher à la p. 187, une curieuse gravure représentant *Les décrotteurs artistes*, au palais du Tribunat, avec une légende qui peut passer pour une réclame en faveur d'un nouveau cirage anglais.

On ne saurait croire combien la paix a inspiré de gravures allégoriques, surtout en l'honneur de Bonaparte. A celles que nous avons mentionnées dans notre étude (p. 3), on peut en ajouter d'autres, dont le titre seul indique l'esprit : « la Paix fait dételer les chevaux de Mars du char de la Victoire et conduit Bonaparte au Temple de l'Immortalité (Lemonnier inv. Dorgez). — Bonaparte présante (*sic*) l'olivier de la Paix à toutes les puissances de l'Europe (Desrais del. Le Campion sc.) — Tableau général de la Révolution française terminé par celui de la Paix (Lafitte del. Charles Normand sc.). — Ailleurs, dans le « Triomphe de la République Française », on voit celle-ci sur un char traîné par deux lions, que suivent le premier consul et les ministres (Monnet del. David sc.). — Une autre estampe, exécutée avec finesse par Le Cœur, nous montre sous le titre de Paix générale sept personnages, portant le costume de diverses nations et dansant en rond autour d'un piédestal sur lequel Bonaparte écrit les traités de paix, sous la dictée de la Sagesse. Ce piédestal porte l'inscription suivante : « En deux ans il réunit tous les partis et pacifia l'Europe. » — Citons enfin une jolie gravure en couleurs représentant deux jeunes filles parant de fleurs le buste du premier consul, avec cette légende :

> Des vaincus il gagne les cœurs,
> Les lauriers il les a tous moissonné (*sic*),
> Il ne nous reste que des fleurs,
> Que son buste en soit couronné.

Les revues passées par Bonaparte dans la cour des Tuileries ont souvent inspiré les artistes. De nombreuses estampes en ont été faites, avec Bonaparte au premier plan. Telle est la

Revue du Quintidi, gravée par Levachez d'après une peinture de Boilly. Un éventail espagnol reproduit un sujet analogue, avec cette légende écrite sur un caisson d'artillerie : *Rebista di Buonaparte en la Plasa del Palacio de Paris*. Mais je citerai particulièrement une belle estampe gravée à Londres par C. Turner d'après une peinture faite à Paris par L.-J. Masquelier. La tête de Bonaparte est saisissante de beauté sérieuse et expressive. L'anglais John-James Masquelier (1778-1855), était élève de Vincent ; il peignit avec succès un nombre considérable de portraits. Son tableau de la *Revue des Tuileries* fut exposé à Piccadilly en 1801.

TABLE DES MATIÈRES

LES ANGLAIS EN FRANCE
APRÈS LA PAIX D'AMIENS.

I. — Les Anglais en France et leurs récits............	1
II. — Premières impressions. — Modes de transport. — Les provinces..................................	18
III. — Aspect de Paris. — Les monuments et les musées.	28
IV. — Hôtels. — Palais-Royal. — Les mœurs. — Théâtres. — Jardins publics. — Environs de Paris.......	40
V. — Bonaparte et sa cour........................	59
VI. — La société. — Les femmes..................	70
VII. — L'internement des Anglais après la rupture de la paix..	84

IMPRESSIONS DE VOYAGE EN FRANCE
DE SIR JOHN CARR.

CHAPITRE PREMIER
DE SOUTHAMPTON AU HAVRE.

Les émigrés français à Southampton. — Sentiments des prêtres. — Éloge de leur conduite en Angleterre. — Sainteté de leur caractère. — Le café des émigrés. — Embarquement. — La traversée. — Le prédicateur mourant. — Arrivée au Havre. — Débarquement. — Costume des femmes. — Habileté des portefaix. — Hôtel de la Paix. — Accueil du personnel. — Le couteau de la servante. — Repas. — Passeports. — Collection d'un négociant. — Visite de la ville. — Monsieur et citoyen. — Église. — Emblèmes républicains. — Condamnés militaires. — La villa du préfet maritime. — Les radeaux pour l'invasion. — Les charrettes.................................... 95

CHAPITRE II

DU HAVRE A PARIS.

La diligence. — Les chevaux et le postillon. — Églises en ruine. — Bolbec. — Coiffures de Cauchoises. — Émigrés compagnons de route. — Leur opinion sur les Anglais. — Dîner à Yvetot. — Mendiants. — Anecdote sur Santerre. — Rouen. — Boulevards. — Ancienne église. — Hôtels. — L'Opéra. — Femmes vêtues « d'air tissé ». — Aspect des quais. — Cortège des autorités. — Revue d'un régiment de chasseurs. — Affiche sur le vote pour le Consulat à vie. — Cathédrale. — Église Saint-Ouen. — Hôtel de ville. — Décorations des fêtes républicaines. — École centrale. — Musée. — « C'est joli. » — Exécution sur le marché. — La guillotine. — Montagne de Sainte-Catherine. — Le général et sa trompette. — L'hôtesse. — Sa bonté d'âme. — L'amour à l'hôtel. — Anciens soldats de Marengo. — Départ pour Paris. — Déjeuner matinal à Mantes. — L'église. — Saint-Germain. — Première vue de Paris................. 111

CHAPITRE III

Entrée à Paris. — Hôtel de Rouen. — Palais-Royal le soir. — Scène d'animation et de dissipation. — Éclairage mesquin des rues. — Restaurant élégant aux Tuileries. — Relevée de la garde consulaire. — Tambour-major et sapeurs. — Aspect d'état de siège. — Promeneurs dans le jardin. —

Un trésor dans un vase. — *Romulus et Tatius*, par David. — Hôtel Perregaux. — Costumes à l'antique des femmes. — Coiffures. — Le Panthéon. — Les caveaux. — Grands chiens dans les rues...................... 137

CHAPITRE IV

Visite à Mme B... — La plus jolie femme de France. — Luxe des femmes de fournisseurs. — Ruines causées par la machine infernale. — La Seine comparée à la Tamise. — Bateaux de blanchisseuses. — Les poissardes et Bonaparte. — Bains sur la Seine. — Atelier de David. — Mobilier antique. — David et le portrait de Bonaparte. — Ses élèves. — Sa réputation. — Place de la Concorde. — Portraits de Louis XVI. — Muséum du Louvre. — « Le bouquet de Bonaparte. » — La grande galerie. — Le public. — Politique du gouvernement. — Gratuité. — Salle des antiques........................... 148

CHAPITRE V

Bonaparte et le ballon du Champ de Mars. — Pronostic de Louis XVI. — Bonaparte évite la familiarité. — Jugement des Parisiens sur son compte. — Don d'une calèche à l'archevêque de Paris. — Projet abandonné de faire bénir les drapeaux du régiment consulaire. — Opinion de Bonaparte sur le costume ou « l'absence de costume » des femmes. — Sa chambre à Saint-Cloud pour lui et Mme Bonaparte. — Sécurité publique. — Questions sur Pitt. — Journaux. — Excursion à Bourg-la-Reine. — La famille O............. 161

CHAPITRE VI

Mme Récamier. — Anecdotes. — Sa correspondance. — Sa chambre. — Sa toilette et l'empereur de Russie. — Tivoli. — Ses bosquets. — La valse. — Fête le soir. — Frascati. — Beaux salons. — Glaces et café. — Terrasse sur le boulevard. — Trois mille femmes. — Couvent anglais des sœurs bleues. — Mmes de Biron. — Palais de justice. —

Gobelins. — Jardin des plantes. — Tondeurs de chiens sur le pont Neuf. — Décrotteurs du Palais-Royal. — Chez un ancien fermier général. — Ses filles. — Charme de son hospitalité.................................... 175

CHAPITRE VII

Le Corps législatif. — Salle des séances. — Goût pour les décorations. — Costumes. — Le capitaine Bergeret. — Le Temple. — Le bonnet rouge. — Récit de l'évasion de sir Sidney Smith. — L'alphabet mystérieux. — Le colonel Phélippeaux. — Poème en prose sur le *Génie du christianisme*. — Opinion sur cet ouvrage. — Le physicien Charles au Louvre. — Ses collections. — L'amour électrisé. — Illusions d'optique. — Physionomie de Charles. — Saint-Roch. — Les Invalides. — Drapeaux étrangers. — Décoration de l'église. — Tombeau de Turenne. — Hospice militaire. — Bonaparte le visite. — École militaire. — Jardin de Monceaux. — Charmante soirée. — Duos en italien. — Comment l'on monte le fourrage à Paris............ 190

CHAPITRE VIII

L'Opéra. — Les décors. — Le ballet. — Loge du premier consul. — Théâtre Feydeau. — Excursion à Versailles. — La route. — Le château. — Manufacture d'armes. — La salle de théâtre. — La galerie. — Appartement de Marie-Antoinette. — Le poète Prior. — Portraits. — Jeu mécanique. — Le petit Trianon restaurant. — Les jardins. — Le village. — Souvenirs de la reine. — Salles de bal rustiques. — Retour à Paris. — Le général Marescot. — Facultés extraordinaires du premier consul. — Qualités et défauts des acteurs. — Garrick à Paris. — Ruines de la Bastille. — L'Observatoire...................... 208

CHAPITRE IX

Le Sénat au Luxembourg. — Restauration de tableaux anciens. — Réparations. — Restaurant. — Commodités. — Ancienne salle de la Convention. — Réception chez Talleyrand. — Ses appartements. — Portrait de Talleyrand. — Son passé. — Son présent. — Sa cour. — L'abbé Sicard et le collège des sourds-muets. — Exercices des élèves. — Éloge de cette institution. — Association des idées. — Bagatelle restaurant. — Aspect des Champs-Élysées. — Danses sous les arbres. — Police. — Bibliothèque nationale.......... 223

CHAPITRE X

Revue sur la place du Carrousel. — Arrivée du premier consul. — Son portrait. — Drapeaux rendus à un régiment. — Défilé. — M. et Mme Bonaparte à l'Opéra. — L'abbé Sieyès aux Champs-Élysées. — Cortège des trois consuls. — Traces du 10 août aux Tuileries. — Perspicacité de Fouché. — Maison d'un architecte. — Souvenirs de Robespierre. — Musée des monuments français.................... 239

CHAPITRE XI

Mœurs des femmes mariées. — Hommages qu'on leur adresse. — Théâtre pittoresque et mécanique. — Tonnerre et paratonnerres. — Filtres. — Adieux. — La cour des messageries. — La diligence de Cherbourg. — La Malmaison... 249

CHAPITRE XII

Saint-Germain. — Les brigands de la forêt d'Évreux. — Lisieux. — Les paysans. — Caen. — Cuisine anglaise. — Éloquence du barreau. — Maison de Charlotte Corday. — Bal chez un fonctionnaire. — Épisodes. — Le sacristain de Notre-Dame et la statue de la Vierge. — Préparatifs de la Fête-Dieu. — Bayeux. — Les liqueurs et la tristesse de cœur. — Belles cultures. — Les routes. — Saint-Lô ville charmante. — Cherbourg pauvre et sale. — La digue. — Environs de Cherbourg. — Danses rustiques. — Tableau idyllique. — Départ. — Nourriture des Français..... 257

CHAPITRE XIII

Réflexions générales.............................. 271

APPENDICE

I. — Description de la Malmaison, par James Forbes... 277
II. — Bibliographie des ouvrages des voyageurs anglais en France après la paix d'Amiens.................. 282
III. — Note iconographique........................ 289

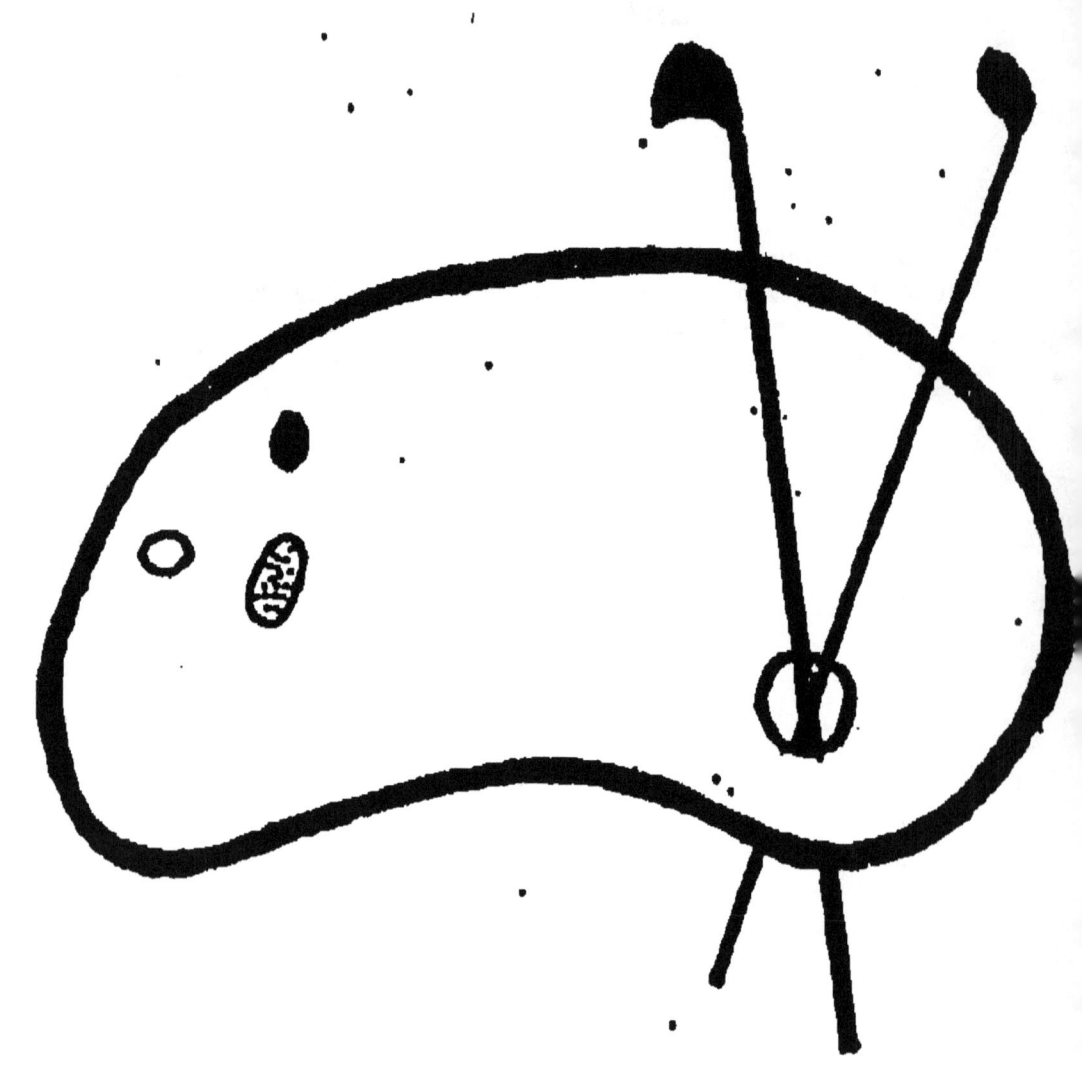

ORIGINAL EN COULEUR
NF Z 43-120-8

www.ingramcontent.com/pod-product-compliance
Lightning Source LLC
Chambersburg PA
CBHW071508160426
43196CB00010B/1456